KB034683

# 엑시트 바이블

# EXIT BIBLE

성공적인 기업 매각은 어떻게 이루어지는가

# 엑시트
바이블

김규현 지음

"우리 회사도 매각될 수 있을까요?"

모든 여정은 이 질문에서 시작되었고, 이 책은 그에 대한 나의 답이다.

나는 몇 가지 독특한 이력이 있다. 외국어 교육을 특화해 글로벌 인재를 양성한다는 외국어 고등학교를 졸업했지만, 대학교 전공은 국어국문학이다. 국문학도로서 문학을 탐미하고 세밀한 언어학 이론을 연구해야 했지만 계산기를 두들기면서 회계사가 되었다. 대형 회계법인에 입사해 감사부서와 세무부서에서 일했지만, 독립 후 가장 좋아했던 일은 M&A<sup>Mergers and Acquisitions</sup>(인수·합병)와 딜<sup>deal</sup> 업무였다. 딜은 말 그대로 거래를 뜻하며, 정확히는 주식거래를 지칭한다.

내 개인사를 굳이 먼저 꺼낸 이유는 독특한 이력의 요소들이 합쳐져 이 책의 발판이 되었기 때문이다. 평범한 사람들보다는 글쓰기를 조금 더 좋아했던 터라 회계사로서 많은 중소기업과 스타트업의 재무제표를 다양한 각도로 살펴볼 수 있었고, 엑시트<sup>exit</sup>를 겪은 사업가들의 다양한 일화를 곁에서 지켜볼 수 있었다. 엑시트가 보통 '출구'라는 뜻으로 쓰이듯, 비즈니스 현장에서도 이와 비슷한 의미로 사용된다.

통상 딜과 M&A 시장의 전문가들은 투자기관이나 대기업 같은 고객사를 상대하므로 엑시트한 중소기업 창업자를 알고 지내는 경우는 흔치 않다. 그에 반해 나는 2016년 회계법인을 창업한 이후 줄곧 중소기업 경영진 입장에서 업무를 해왔기 때문에 꽤 많은 엑시트 사례를 바로 옆에서 지켜볼 수 있었다. 나는 이를 큰 행운이라고 생각한다. 그들이 어떻게 살아왔으며 왜 창업을 하고 회사를 키워왔는지 그리고 큰돈을 벌면 인생이 어떻게 달라지는지에 대한 생생한 이야기는 분명 귀담아 들을 만하다. 따라서 그에 관한 현실적인 사례들을 이 책에 녹여냈다.

특히 이 책에서는 엑시트 전반을 다룬다. 엑시트의 정의와 거래 대상과 준비 과정, 그리고 기업가치를 산정하고 협상하는 과정 등, 그동안 내가 쌓아온 지식과 경험을 바탕으로 정리했다. 기업은 영원할 수 있지만 경영자와 주주는 언젠가 끝이 있기 마련이다. 그래서 당장 엑시트를 하지 않더라도 어떻게 아름답게 끝맺을 수 있을지 잘 이해하고 있어야 한다. 또한 이 책은 M&A에 방점을 찍고 정리했지만 IPO<sup>Initial Public Offering</sup>(기업공개)를 통한 엑시트도 본질적으로 별다른 차이가 없으므로 상장을 준비하는 경영자에게도 충분한 도움이 되리라 생각한다.

마지막으로, 이 책이 중소기업 및 스타트업의 경영진과 주주들의 엑시트에 좋은 지침서가 되길 바란다. 알고 싶지만 얻기 힘들었던 정보들을 제대로 이해하면 딜 시장을 조금 더 현명한 눈으로 바라볼 수 있을 것이다. 졸저이지만 어쨌든 인생 첫 책이기에 감회가 남다르다. 내 삶의 이유이자 원동력인 가족들과 마일스톤 공동창업자 둘, 그리고 가치 있는 도전을 함께하고 있는 MMP 식구들에게 감사를 전한다.

**김규현**

차례

## 1장 | 엑시트 여정 준비하기

★ ★ ★

## 2장 | 엑시트 여정의 동반자

## 3장 | 엑시트는 어떻게 진행될까?

★ ★ ★

## 4장 | 엑시트의 핵심은 가격이다

★ ★ ★

## 5장 | 엑시트 여정 가이드

# EXITBIBLE

# 엑시트 여정
# 준비하기

# 엑시트는
# 극적인 드라마다

엑시트한 사람의 인생은 어떠할까? 돔페리뇽이 등장한다. 많은 사람의 축하를 받고 부러움을 산다. 수십억 원의 좋은 집과 차를 사고 해외로 떠난다. 차고 넘치는 경제적 자유까지 얻어 자녀는 물론이고 손주까지 걱정 없이 살 수 있다. 일반적으로 한번 부를 쌓으면 그 부는 더 빠르게 몸집을 키우고 또 다른 기회를 계속 가져다주기 때문이다.

그럼에도 많은 사람이 시간이 흐르면 비즈니스 세계로 돌아와 새로운 사업을 시작하거나 중소기업을 대상으로 전문 투자자가 된다. 또는 회사를 인수한 상대방과 함께 새로운 도약을 준비하기도 한다. 아무도 몰디브에서 모히토 마시는 데 많은 시간을 소모하지 않는다. 든든한 뒷배로 사업이나 투자를 하면 아무래도 뒷배가 없을 때보다는 훨씬 재미있을 수밖에 없다. 실제로 여유 있는 태도와 자본으로 후속 사업이 더 잘될 때도 많다.

아쉽게도 내 이야기는 아니다. 다른 사람들의 엑시트 여정을 곁에서 지켜보고 있노라면 엑시트 하나하나가 전부 영화고 드라마다. 성공적인 엑시트를 위해 먼저 엑시트를 경험한 사람들이 어떻게 역경을 극복하고 성공했는지 알아두는 것만큼 좋은 전략도 없다. 다만 엑시트를 경험한 사람이 매우 적고 제한된 정보만 얻을 수 있을뿐더러 딜마다 과정이 다르므로 양질의 정보를 획득하기도 어렵다. 그래서 14년간 엑시트 여정을 지켜보며 회계사 커리어를 통해 쌓아온 나의 지식과 인사이트가 엑시트 정보를 원하는 누군가에게 가치 있을 것이라 판단했다.

업계 특성상 회사명이나 인물의 실명을 말할 수는 없지만, 조금 각색하는 방향으로 그들과 함께한 여정들을 정리했다. 경영자를 포함한 창업 멤버 및 중소기업 주주들에게 흥미롭게 다가가길 바란다.

# 어디까지가
# 엑시트일까?

엑시트는 비즈니스 현장에서 주로 투자자 입장에서는 투자금 회수를 의미하고 창업자 입장에서는 주식 매각을 통한 사업 정리를 의미한다. 투자자의 엑시트는 아주 단순한 개념이지만 창업자의 엑시트는 대부분 복잡하므로 창업자라면 엑시트의 범위를 먼저 이해하고 있으면 좋다.

엑시트 범위를 정의하는 것이 중요한 이유는 창업자마다 딜의 결과가 다를 수 있기 때문이다. 무조건 회사를 100% 매각하고 떠나는 것만 엑시트라고 볼 수 없다. 실상 중소기업 수준에서는 이러한 100% 바이아웃Buyout® 엑시트보다 더 복잡한 구조의 거래가 훨씬 많다.

엑시트를 포함한 거래에는 다양한 경우의 수가 존재한다. 예컨대 대표이사가 지분을 매각해 경영권을 넘기고도 경영을 지속하는 경우, 최대주주를 유지하면서 일부 주식만 매각하는 경우, 유동화가 용이한 주식으로 교환하면서 큰 회사의 자회사나 계열사로 편입되는 경우, 합병된 뒤에도 합병회사의 임직원으로 계속 근무하는 경우, 상장에 성공하는 경우 등이다.

그렇다면 어디까지를 엑시트로 보아야 할까? 명확한 경계는 없지만 나는 '주식거래로 상상 밖의 큰돈을 벌거나 그러한 돈을 벌 수 있는 구조가 확정된 상태' 정도로 정의하고 있다. 다소 전문성이 떨어져 보이지만 실제 엑시트 사례는 대체로 이 정의에 부합했다. 많은 사업가가 상상하는 엑시트 또한 이와 유사할 것이라 짐작한다.

그래서 '나도 엑시트가 가능한가?'라는 질문의 답도 조금 더 넓은 관점에서 이해하고 찾아야 한다. 단 한 번의 거래로 회사 주인이 100% 바뀌는 거래만 엑시트로 정의하지 말자. 더 넓은 관점으로 엑시트를 정의하면 성공적인 여정의 첫발을 내디딜 수 있을 것이다.

앞으로 M&A 시장은 더 커질 것이고 딜의 형태 또한 다양해질 것이다. IMF 이후 해외자본이 국내에 본격적으로 들어오기 시작하

---

● 기업의 소유 지분이나 주식의 다수 지분을 취득하는 투자 거래를 뜻하는 표현이다.

던 과거에는 대규모의 해외자본을 가진 투자자나 일부 대기업 재벌들만 M&A를 했다. 하지만 지금은 상황이 많이 달라져서 중소 규모의 딜도 늘어났고 딜의 구조도 점점 복잡해지고 있다. 그렇기 때문에 엑시트 방법과 기회 모두 더 많아질 것이라 생각한다.

현장 이야기

엑시트의 범위는 생각보다 넓지만 모든 엑시트가 성공적이지는 않다. 말 그대로 탈출은 했지만 끝이 좋지 않은 경우도 의외로 많다. 짐작건대 엑시트의 좋고 나쁨을 구분하는 근본적인 차이점은 가격, 즉 밸류에이션이다. 밸류에이션은 간단히 말하면 '주식의 가격'이다. 따라서 경영자는 자사의 기업가치가 어느 때에 오르거나 추락하는지 항상 염두에 두고 경영활동을 해야 한다. 언론에 드러나는 정보로는 성공한 것처럼 보이지만 실상 대표는 근심에 빠진 엑시트도 많다는 것을 꼭 기억하길 바란다.

# 엑시트를
# 알아야 하는 이유

결론부터 이야기하면 엑시트는 선택의 문제일 뿐 꼭 해야 할 필요는 없다. 다만 기업은 영원할 수 있어도 경영자와 주주에게는 반드시 끝이 있다. 따라서 엑시트 여정을 한 번쯤 살펴볼 필요는 있다. 사업가나 주주로서 언젠가는 마주하게 될 현실이기 때문이다. 엑시트를 알아야 하는 이유를 조금 더 구체적으로 살펴보겠다.

누구나 은퇴를 한다. 이때 소중하게 키워온 회사를 헐값에 매각하지 않고 적절한 인수자에게 잘 넘겨줌으로써 은퇴자금을 넉넉히 마련할 수 있다. 또한 경영자 은퇴 이후에도 기존 구성원들이 안정적으로 경제활동을 이어가는 기회를 제공할 수 있다. 물론 M&A 직후에 구조조정부터 하는 경우도 많다. 하지만 회사를 청

산해 모든 구성원이 일자리를 잃을 때와 비교하면 엑시트에 긍정적인 효과도 분명히 있다.

창업자보다 회사를 더 잘 성장시킬 수 있는 능력과 의지가 있는 인수자가 있기 마련이다. 회사를 창업하고 일정 수준까지 키워온 창업자의 노고는 누구나 인정하지만 기업의 성장 가능성은 별개의 문제다. 큰 폭의 매출 증가를 위한 집요한 노력과 그에 필요한 능력 및 시스템처럼 기업가치를 키우는 데 필요한 것들이 기업의 성장 단계별로 매우 다르기 때문이다. 따라서 경영자에게는 어느 시기에 자신의 능력이 한계 범위까지 이미 도달했다고 자각하는 순간이 온다. 이때 그 시장을 가장 잘 알고 있는 인수자에게 회사를 넘기면 오히려 더 좋은 결과를 얻을 수도 있다.

엑시트는 또 다른 시작이다. 엑시트를 통해 이전에는 경험하기 어려운 새로운 여건들을 선물 받는다. 단순히 큰돈을 얻는다는 점을 차치하더라도, 중소기업을 운영할 때 시도하기 어려웠던 다양한 경영 및 투자활동, 눈에 띄게 넓어지는 인적 네트워크 등을 고려하면 현금보다 더 귀한 미래 기회를 만나게 된다. 일론 머스크Elon Musk는 페이팔Paypal을 매각해 부자가 되었지만, 전 세계 최고 부자로 등극하는 데는 매각대금으로 인수한 테슬라Tesla의 성장이 큰 몫을 했다. 어쨌든 아름다운 끝은 더 이상적인 출발선을 확보할 수 있는 기회가 된다.

물론 엑시트를 아무 때나 쉽게 할 수는 없다. 엑시트의 성공 요소 중에 가장 중요한 점을 꼽자면 '타이밍'이다. 엑시트는 타이밍이 특히 중요하며, 기본적으로 소구 포인트가 있는 매력적인 기업을 만들어야 하지만 타이밍이야말로 엑시트를 완성하는 키워드다. 좋은 타이밍에 매각해야 잘 팔 수 있다는 것도 맞는 말이지만, 그보다는 엑시트 타이밍을 미리 대비해야 한다는 점이 중요하다. 타이밍이 좋지 않아 오랫동안 일군 기업이 제대로 평가받지 못한다면 아쉬울 수밖에 없다. 즉 엑시트 과정 전반을 알아두는 것은 타이밍에 대한 이해와 판단력을 높이는 데도 도움이 된다.

100세 시대가 온다는 표현도 진부한 시대다. 20대 후반, 30대 초반부터 경제활동을 시작한다 가정했을 때 은퇴 연령은 점점 더 늦춰지고 있다. 따라서 돈이 꼭 필요하지 않더라도 사회생활 기간이 길어지면서 60대가 넘어서도 새로운 일에 도전하는 사람이 많다. 평생직장과 평생기업의 의미가 퇴색되어 가는 시대에서 집중하던 사업을 잘 마무리하는 것은 100세 시대를 현명하게 대처하는 방법 중 하나가 될 것이다.

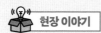 현장 이야기

엑시트를 경험한 사람들에게 "다시 그때로 돌아가도 또 엑시트를 선택할 겁니까?"라고 물어보면 대부분 강하게 긍정한다. 그것이 '엑시트를 하면 무조건 좋다'라는 뜻은 아니겠지만, 엑시트로 얻은 색다른 경험과 사회 가치를 높이 평가하는

것 같았다. 특히 시간과 기회를 벌었다는 표현을 많이 들었다. 이미 겪어본 사람들이 비슷한 선택을 또 할 것이라 말하는 데는 그만한 이유가 있다고 생각한다.

# 세상에 주식거래보다
# 큰 거래는 없다

앞으로 비상장 주식거래와 가격에 관한 이야기가 이어질 것이다. 또한 책 전반에 딜이라는 용어를 자주 사용할 텐데, 앞서 살짝 언급한 대로 딜은 크게 보면 주식거래다. 기존 주식을 누군가에게 매각하는 것도 당연히 딜이고 투자유치를 받아 신주가 발행되면서 생기는 거래도 모두 딜이다. 즉 이 책에서 말하는 딜이란 무슨 방식을 선택하든 주주가 변동하는 거래라고 생각하면 된다.

내가 아는 한 세상에 주식거래보다 큰 거래는 없다. 큰 빌딩도 수천억 원에 거래되지만 수십조 원에 달하는 더 큰 거래는 대부분 주식거래다. 주식거래는 그 어떤 거래보다 규모가 크기 때문에 그 안에 상당히 많은 전문 지식과 문제가 존재한다. 대한민국 최대 로펌인 김앤장이 압도적인 1위 로펌이 된 이유 중 하나도 M&A 자문에서 독보적인 성과를 만들어냈기 때문이다.

따라서 경영자라면 주식 개념과 가격 결정 요인에 대해 꽤 높게 이해하고 있어야 한다. 주변에 자문해줄 전문가가 많겠지만, 근본적으로 경영자가 직접 아는 것이 더 효과적일 수밖에 없다. 이 책에서는 경영자를 위해 주식과 밸류에이션을 실무적으로 소개하고 이론적인 내용은 최대한 배제했으나 설명이 필요한 것은 기본적인 수준으로 작성했다.

또한 밸류에이션은 특히 중요해 별도의 장을 마련했다. 이 장에서는 주식과 재무제표의 개념을 간단한 사례를 통해 이해해보자. 어쨌든 주식가격을 결정하는 다양한 요소 중에 중요한 한 가지가 재무제표(실적)이기 때문이다.

## 주식과 재무제표

여기 F&B^Food and Beverage^ 사업을 시작한 지 얼마 안 된 남매가 있다. 개인사업자로 먼저 사업을 하고 있던 누나는 사업이 점점 잘되자 법인(주식회사)을 만들기로 결정했고 이 과정에서 남동생이 합류하게 되었다. 주식회사를 만들 때는 그 회사의 주인을 정해야 하므로 누나는 동생에게 20%의 지분을 약속했고 초기 자본금은 누나 8,000만 원, 동생 2,000만 원으로 총 1억 원이었다. 그렇게 둘은 주식회사 F&B를 설립한다.

설립 직후 주식회사 F&B 주식 1주의 가치는 얼마일까? 누나와 동생이 각각 법인 통장에 8,000만 원과 2,000만 원을 입금하면서 총 1만 주의 주식을 발행했다고 가정하자. 전체 주식이 1만 주이니 누나 8,000주, 동생이 2,000주를 보유하고 있을 것이다. 그러므로 설립 직후 1주당 가치는 1만 원이 된다. 물론 창립 전에 이 회사에 대한 기대감으로 주식가치가 오를 때도 많지만 이는 투자유치 관점의 밸류에이션이니 일단 배제하자.

그런데 문제는 지금부터 시작된다. 사업을 시작하면 비용이 들어간다. 식재료도 구매해야 하고 광고도 해야 하고 직원들 월급도 주어야 한다. 이러한 활동이 잘 어우러지면 고객들이 이 회사에 찾아와 매출을 올려준다. 즉 깔끔하게 1억 원으로 시작한 주식회사 F&B의 법인 통장은 어질러진다.

주식회사 F&B가 1년 동안 돈을 얼마나 벌고, 또 어떤 자산과 부채가 남았는지 기록해둔 것이 바로 재무제표다. 재무제표에는 다섯 가지 항목이 기록된다. 얼마나 벌었는지 나타내는 '수익', 그만큼 수익을 벌기 위해 들어간 돈을 뜻하는 '비용', 1억 원의 자본금에서 시작한 주식회사 F&B가 1년 후에 가지고 있는 '자산', 중간에 사정이 생겨 급하게 빌린 은행의 '부채', 1년이 지난 후 주식회사 F&B가 가지고 있는 자산과 부채의 차이인 '자본'이다. 자본은 초기 투자금과 벌어들인 돈을 뜻하는 이익잉여금으로 구성된

**✦ 재무상태표: 자산, 부채, 자본을 기록한 재무제표**

| 구분 | 금액 | 구분 | 금액 |
|---|---|---|---|
| **자산** | | **부채** | |
| 현금 | 2억 4,000만 원 | 차입금 | 5,000만 원 |
| 식재료 | 500만 원 | | |
| 맥주, 소주 등 | 500만 원 | | |
| 보증금 | 3,000만 원 | **자본** | |
| 식탁, 의자 등 | 3,000만 원 | 초기 투자금 | 1억 원 |
| 주방기구 | 4,000만 원 | 이익잉여금 | 2억 원 |
| 합계 | 3억 5,000만 원 | 합계 | 3억 5,000만 원 |

**✦ 손익계산서: 수익과 비용을 기록한 재무제표**

| 구분 | 금액 |
|---|---|
| 수익 | 10억 원 |
| 비용 | 8억 원 |
| 당기순이익 | 2억 원 |

다. 1년 후 주식회사 F&B의 재무제표가 아래와 같다고 가정하자.

첫 해라 이익잉여금 2억 원과 당기순이익 2억 원이 같다. 이익잉여금은 누적된 기업의 이익을 의미하고, 당기순이익은 그해의 수익으로 보면 된다. 그렇다면 1년 후 주식회사 F&B의 주식가치는 어떻게 계산할까? 남매는 여전히 본인의 주식을 1만 원이라고 생각할까? 당연히 아니다.

우선 당장 회사의 자산을 모두 팔고 부채를 전부 갚으면 3억 원이 남는다(자산가치). 자산 전부를 팔면 약 3억 5,000만 원을 얻을 수 있고 이 중 5,000만 원은 은행 빚이니 갚는다면 주주 손에 남는 돈은 총 3억 원이 되는 것이다.

그렇다면 주식이 총 1만 주이니 주당 가치는 3만 원이 되고 기업가치는 3억 원이 될까? 주식회사 F&B는 이미 순이익을 창출하는 기업이 되었기 때문에 주식가치 3만 원도 올바른 평가금액으로 보기 어렵다.

주식회사 F&B는 1년간 2억 원의 이익을 창출했다(손익가치). 미래는 아무도 모르지만 남매는 적어도 10년간 이 정도 이익을 충분히 벌 수 있다고 예상하고 있다. 이러한 맥락으로 주식가치에 '배수' 또는 '멀티플multiple' 개념이 등장한다.

자세한 이야기는 밸류에이션을 본격적으로 소개하면서 설명하겠지만 이 회사의 주식가치가 3만 원보다 오를 가능성이 높은 이유는 멀티플에 있다.

주식은 사업의 모든 것을 압축한 결과물이다. 사업에는 재무제표처럼 수치로 기록할 수 있는 것은 물론이고 수치로는 말하기 힘든 가치까지 모두 포함되어 있다. 예를 들어 브랜드 가치, 연구개발자산 가치, 독점권 가치, 팀과 인재의 가치 같은 무형의 가치들이다. 그래서 주식가격에 정답은 없지만 그럼에도 딜의 출발은 재무제표와 다양한 지표에서 비롯된다. 극단적으로 만든 간단한 사례지만 우선 이 정도로 감을 잡고 딜 세계를 차근차근 구경해 보자.

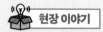 **현장 이야기**

경영진은 재무 지식을 얼마큼 갖추어야 할까? 우선 아무리 못해도 재무상태표와 손익계산서는 해석할 수 있어야 한다. 재무상태표와 손익계산서도 얼마나 깊이 들어가는지에 따라 공부에 투입되는 시간이 천차만별이겠지만, 재무상태표와 손익계산서의 각 항목이 무슨 뜻이며 어떻게 구성되어 있는지 정도만 알면 된다. 관련 도서나 유튜브 영상을 참고해 자사는 물론이고 경쟁사, 벤치마킹 회사의 재무제표만 뜯어보아도 충분하다.

어차피 경영활동을 하다 보면 다양한 이유로 회계, 세무 및 재무 관련 문제에 직면하게 된다. 그때마다 해당 개념을 이해하려고 노력하는 것이 중요하다. 예를 들어 스톡옵션을 처음 접했다면 그에 대해 최대한 살펴보고 내 것으로 익히는 자세를 갖추어야 한다. 즉 '이건 회계 팀장이나 CFO가 알아서 하겠지'라는 태도만 아니면 된다.

유능한 경영자들은 재무제표에 대한 지식이 풍부할 뿐만 아니라 자신이 직면했던 문제를 확실히 이해하고 해결하려고 한다. 그래서 세무조사를 한번 받아본 대표와 그렇지 않은 대표의 세무 이해도는 차원이 다르다. 굳이 세무조사를 받지 않더라도 문제가 생겼을 때 자신의 일이라 생각하는 노력 정도면 충분하다.

# 엑시트의 가능성을
# 판별하는 법

"저도 엑시트를 할 수 있나요?" 매우 간단하면서 내가 가장 많이 받는 질문이지만 여전히 나는 이 질문에 대한 답을 내리는 것이 참 어렵다.

딜 전문가들은 어떤 문의가 들어왔을 때 그 딜의 성공 가능성에 대해 직관적인 판단을 내린다. 이러한 전문가의 판단 기준을 사전에 알아두면 경영의 큰 그림을 설정하는 데 어느 정도 도움이 될 것이다. 엑시트의 성공 가능성을 판단하는 대략적인 기준은 다음과 같다.

# 엑시트의
# 성공 요소

## 산업의 규모와 성장성

산업의 규모와 성장성만큼 투자자를 설레게 하는 요소는 없다. 산업 자체가 성장하면 그에 속한 기업이 성장하지 않기도 어렵기 때문이다. 그래서 산업 성장성이 좋은 섹터의 기업은 몇 가지 단점이 있더라도 엑시트에 성공할 가능성이 크다. 반대로 아무리 큰 강점을 가진 기업이라도 산업 전망이 좋지 않다면 엑시트를 위해 감수해야 할 것이 많아질 수밖에 없다. 경영자는 기업이 속한 산업의 전망과 성장성을 가장 먼저 피부로 느끼는 사람들이다. 창업 당시에 산업 성장성을 고려해 아이템을 선정하듯 엑시트를 시도하는 시점에도 산업 성장성의 중요성을 인지하고 있어야 한다.

## 재무 성과와 신뢰성

숫자는 딜 세계의 언어다. 그래서 실적을 가장 직접적으로 보여주는 매출, 이익 등의 재무 성과는 당연히 딜의 성사 가능성과 직결된다. 이때 성장성과 규모라는 두 가지 관점에서 매출과 이익을 바라보아야 한다. 회사 주식을 인수하려는 잠재 투자자 입장에서 매출이 점점 성장하는 기업과 점점 감소하는 기업 중 어디가 더 매력적일지는 굳이 이야기할 필요가 없다. 이는 타이밍이 중요하다고 강조하는 이유 중 하나이기도 하다. 매출과 이익의 규모도 중요한데, 규모가 클수록 딜 시장의 다양한 잠재 인수자들과 논의해볼 기회가 많아진다. 매출, 이익 규모와 잠재 인수자 후보군은 뒤에서 자세히 설명하도록 하겠다.

그리고 재무 성과를 드러내는 재무제표의 신뢰성도 굉장히 중요하다. 성과는 좋지만 누락된 매출이 많이 있거나 회계·세무 처리에 문제가 많아 이익 규모에 논쟁이 발생할 여지가 높으면 엑시트 가능성이 낮아진다. 이는 후술한 기업 실사$^{due\ diligence}$(이하 실사) 단계를 통해 어느 정도 감을 잡을 수 있을 것이다.

## 브랜드와 인지도

브랜드, 인지도는 추상적인 단어지만 딜 세계에서 아주 중요한 요소다. 재무 성과가 뛰어나지 않은 기업이라도 인지도나 브랜드가 좋으면 시장에서 많은 관심을 받을 수 있다. 이유는 간단하다. 잠재 투자자에게 가장 어려운 것 중 하나가 인지도 확보이기 때문이다. 몇 가지 이유로 실적이 매력적이지 않더라도 사람들이 인지하고 있는 브랜드는 딜 시장에서 매력적인 매물이 된다. 인지도를 처음부터 얻는 것보다 인지도가 있는 브랜드의 실적을 개선하는 것이 상대적으로 더 용이하다.

## 밸류에이션

앞서 말했듯이 밸류에이션은 쉽게 말하면 주식의 가격이다. 엑시트는 주식거래가 수반될 수밖에 없으므로 경영자나 주주가 희망하는 밸류에이션은 딜의 성패에 아주 중요하다. 좋은 기업이라도 희망하는 밸류에이션이 높으면 딜이 성사되지 못하고, 가지고 있는 강점에 비해 희망하는 밸류에이션이 너무 낮으면 이 또한 좋은 딜이라고 볼 수 없다. 물론 밸류에이션은 상당히 주관적이기에 딜에는 정해진 답이 없다. 누군가 회사의 가치를 100억 원으로 볼 때 다른 사람은 1,000억 원으로 볼 수도 있다. 이 격차가 거래하는 상대방과 너무 크면 거래는 불발된다.

## 회사의 무형자산

회사가 보유한 무형자산들도 고려해야 한다. 여기에는 인재, 특허, 독점권, 기술, 정보, 노하우, 연구개발 자원 등이 포함된다. 물론 객관적인 지표가 없기 때문에 상대방과 협의하는 과정이 길어질 여지가 가장 크지만, 어쨌든 딜의 성패를 가르는 중요한 요소임은 분명하다. 애크하이어$^{acquihire}$(팀이나 인재를 인수하는 것)도 이와 관련된 용어인데, 인수자가 매각 기업이 보유한 여러 가지 자산 중 무엇에 관심을 보이는지 파악하는 것이 중요하다.

## 회사의 다양한 지표

회사가 보유한 다양한 지표들도 중요하다. 아직 매출이나 이익이 발생하지 않았지만 어느 뾰족한 지점이 분명하게 드러난다면 그 지표는 큰 의미를 지닐 수 있다. 물론 이러한 지표는 엑시트보다는 투자유치 단계에서 더 중요하지만, 엑시트 단계에서도 충분히 어필할 수 있는 요소가 된다.

이처럼 전문가가 딜의 가능성을 판단하는 초창기에 살펴보는 항목들은 다양하다. 잠재 인수자는 좀 더 세밀하게 살펴보지만 큰 관점에서는 이러한 기준을 참고한다.

"저도 엑시트를 할 수 있나요?"라는 질문에 대한 정확한 답은 책의 내용을 모두 확인하다 보면 더 뚜렷해질 것이다. 엑시트 여정을 준비하고 동반자를 이해하며 엑시트의 전반적인 과정과 밸류에이션까지 종합적으로 짚어보고 나서 성공적인 엑시트를 위한 가이드까지 확인하면 스스로의 가능성과 향후 전략에 대해서도 윤곽이 나올 것이라 생각한다.

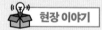 현장 이야기

엑시트에 성공한 사람들 또한 대부분 "저도 엑시트를 할 수 있나요?"라는 질문으로 시작했고, 실제로 성공할 줄 몰랐다고 말한다. 꼭 엑시트에만 해당되는 이야기는 아닐 것이다. 성공한 사람들은 그저 할 일을 열심히 하다 보니 좋은 성과를 이루었다고 한다.

앞서 정리한 항목들은 모두 기업 경영 관점에서 매우 중요하며, 경영학 전공 1학년 학생도 쉽게 이해할 수 있는 내용들이다. 그럼에도 엑시트가 어려운 것은 그만큼 이론과 실전이 다르다는 뜻이다. 이 책에서는 이론보다는 딜 현장의 생생한 이야기 위주로 소개할 예정이다.

# 긴 호흡으로
# 생각하라

엑시트 관련 미팅을 하면 녹음기처럼 꼭 하는 말이 있다. "대표님, 긴 호흡으로 생각하세요." 영업을 해야 하는 딜 자문사 대표 입장에서는 조금 답답할 수도 있지만, 솔직한 심정을 담담하게 전할 뿐이다. 오히려 "무조건 성공할 테니 빠르게 마무리할게요"라고 이야기하는 사람은 전문가가 아닐 가능성이 높다. 무조건 성공할 것 같은 감이 오는 딜도 있지만, 대부분 엑시트와 딜에 변수가 많기 때문이다. 오죽하면 딜 자문사인 우리 회사가 추구하는 가치 중 하나가 '자중'일까.

"끝날 때까지 끝난 것이 아니다"라는 말이 가장 잘 어울리는 세계가 바로 딜 시장이다. 계약서에 도장까지 찍어도 무산될 때가 있어 속된 말로 "돈이 들어와야 끝난 거다"라는 말을 자주 한다. 그만큼 변수가 많고 쉽지 않으므로 딜 과정에서는 긴 호흡이 필수다. "안 되어도 그만"이라는 식의 마음가짐이 가장 좋은데 말처럼 쉽지는 않다. 후술할 딜의 전체 과정을 살펴보면 영화를 방불케 할 정도로 다양한 요소들을 협상해야 한다. 즉 평정심을 갖고 긴 호흡을 유지하기 어렵기 때문에 나는 초반부터 대표들에게 이런 당부의 말을 꼭 전한다.

그리고 딜을 시작하기 전에 본인 스스로 엑시트에 대한 진정성 있는 이유를 찾아야 한다. 명확한 방향이 있는 엑시트와 그렇지 못하고 남들에게 끌려다니는 엑시트는 결과가 다르다. 엑시트는 인생의 아주 중요한 의사결정 중 하나다. 그렇게 큰 판단을 앞두고 자본 규모가 큰 상대방에게 끌려다니면 만족스럽지 못한 조건으로 딜을 끝낼 가능성이 크다.

꼭 멋진 답을 내야 할 필요는 없다. 누구도 부정하기 어려운 이유, 바로 돈도 엑시트의 큰 이유 중 하나다. 연봉이 아무리 높고 회사 매출이 수백억 원에 달하더라도 개인 통장에 수십억에서 수백억 원이 입금되는 거래는 엑시트 외에는 거의 없다. 또한 법인에 돈이 많아도 사적으로 자유롭게 쓸 수 있는 돈도 절대 아니다. 돈이 주는 행복이 영원하지 않고 순간적인 허무감이 올 수 있음을 모두 잘 알고 있지만, 늘어난 부를 통해 행복의 크기를 잘 키우는 사람이 훨씬 더 많다.

하지만 당장의 돈보다 엑시트 이후의 삶을 더 고민해보아야 한다. 딜의 끝맺음에 따라 최소 1~2년, 길게는 5년의 미래 방향이 결정되기 때문이다. 완전히 은퇴하든 아니든 매각 이후 어떻게 살아갈지 방향을 명확히 세우고 나서 딜을 시작하는 것이 좋다.

이런 모든 것이 종합적으로 작용하기 때문에 엑시트 타이밍이 아주 중요하다. 일반적으로 사업이 한창 잘될 때는 엑시트를 고려하지 않다가 사업이 힘들어지면 엑시트를 생각하기 마련이다. 그런데 성장세를 타기 시작한 기업은 일정 기간 더 성장할 가능성이 크고, 한번 하락세를 타기 시작한 기업은 더 하락할 가능성이 크다. 잠재 인수자가 이것을 모를 리 없으니, 시간을 우리 편으로 만들려면 엑시트 여정이 길어질 수도 있음을 인지하고 현명한 타이밍을 고민해야 한다.

여정을 시작할 마음가짐까지 장착했다면 이제 여정을 함께할 동반자들을 알아가야 한다. 짧아도 수개월, 길면 1년 이상 치열하게 함께할 동반자들로 누가 있고, 이들의 투자 논리는 어떠하며 시장에 왜 존재하는지 등을 하나하나 살펴보자.

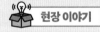
**현장 이야기**

막상 본격적으로 딜을 시작하면 긴 호흡을 떠올리기 쉽지 않다. 대표에게 "급하게 생각하지 말고 평상시 업무하던 대로 해주세요"라고 말하면서 나조차 그런 마음을 잘 유지하지 못한다.

하물며 힘들게 일군 회사가 딜 시장에 나왔을 때 대표들의 마음은 오죽할까? 그래서 종종 "기대하지 마세요"라고 애써 대표들의 마음을 억누르는 말을 하기도 하는데, 기업 경영에 영향을 미칠까 걱정되어 하는 이야기라는 점을 알아주면 좋겠다. 게다가 그 여정이 짧지도 않고 평탄하지도 않을 것임을 알고 있기에 경영자가 최대한 침착함을 유지할 수 있도록 자문하는 것이 전문가로서 내가 할 수 있는 최선이라 생각한다.

## 엑시트 경험자 인터뷰 1

Q1. 딜과 엑시트에 대해 알고 있었는가? 알고 있었다면 어디서
정보를 얻었는가?

회사 차원에서 주기적으로 경쟁사를 모니터링하면서 업계
에서 꾸준히 엑시트가 있어왔음을 인지하고 있었다. 다만 액
수가 크고 전문적인 영역이라 '이렇게 해야 한다' 정도의 소
문만 무성하게 돌고 있었다. 이후 가까운 지인을 통해 나도
엑시트를 할 수 있다는 사실을 알게 되면서 급물살을 타고
진행되었다. 당시 이노비즈(기술혁신형중소기업) 준비를 위해
직원들이 회사소개서를 만들었는데 생각보다 완성도가 좋
아서 그 가까운 지인에게 보냈다. "왜 보냈냐?"라는 질문에

"혹시 우리 회사 살 만한 회사가 있을까요?"라고 뜬금없이 대답했고 전체 밸류에이션을 얼마로 생각하느냐는 되물음에 생각해놓은 금액을 말했던 기억이 난다. 지인은 내가 원하던 금액보다 100억 원 높게 받아주겠다고 했다. 소개해준 자문사가 바로 회사로 찾아왔고 그렇게 딜이 진행되었다.

사업가들 사이에서 '전체 밸류에이션은 이렇게 산정해라' '이런저런 조건이 있어야 엑시트가 가능하다더라' 같은 엑시트 관련 소문이 많이 도는데 이에 대해 정확하게 알고 있는 사람이 가까이 있는 경우는 드문 듯하다. 다행히 나는 그것을 진행해본 사람이 가까이 있어서 딜을 빠르게 진행할 수 있었다. 그러나 딜이 진행되면서 소문으로만 돌던 조건이나 과정들이 실제와 다른 경우가 많다는 것을 알게 되었다.

Q2. 매각 이후 삶이 어떻게 바뀌었는가?

첫 번째로 개인 자산이 크게 늘어났다. 법인과 개인의 재산은 별개이고 법인 재산을 개인으로 빼려면 급여 또는 배당밖에 없는데 소득세 명목으로 절반 정도가 빠져나간다. 하지만 매각으로 인해 다년간의 이익을 한 번에 정산받았고 주식양도세가 붙어 세금도 적게 나갔다.

주변에 몇백억 원 단위의 매출을 만드는 친구는 많지만, 개인 재산으로 몇백억 원을 보유하고 있는 사람은 '엑시트'한 사람밖에 없다. 사업이 불안정할 때 내가 가진 회사의 지분

일부 또는 전부를 현금으로 전환하는 것은 위험 헷지<sup>hedge</sup> 차
원에서 매우 좋은 선택이라고 생각한다.

Q3. 다시 돌아가도 매각을 선택할 것인가? 또 매각 이후에 어떤
장단점이 있었는가?

당연히 매각을 선택한다. 회사 매출이 꾸준히 오르고 있어
매각금액이 아쉽지 않냐고 지인들이 가끔 묻곤 하는데 시기
에 대해 전혀 아쉽지 않다. 사업을 하는 목적은 제각기 다르
겠지만, 나는 '지금 당장 행복하자'가 제일 중요한 목표였다.
10년 후 1,000억 원보다 지금의 100억 원이 훨씬 가치 있다
고 믿는다. 돈은 단순히 모으기 위해 버는 것이 아니라 풍요
롭게 살기 위해 버는 것이라고 생각하기에 그런 면에서 엑
시트를 통한 개인 자산 증대는 지금 당장 나와 우리 가족을
행복하게 만들 수 있는 방법이었던 것 같다.

Q4. M&A 성공에 어떤 것들이 가장 중요하다고 생각하는가?

첫 번째로 벤처캐피털(벤처기업에 투자하는 전문 투자 회사)에서
투자받지 않았던 것이 가장 큰 이유라고 생각한다. 지난 몇
년간 업계는 호황이었고, 벤처캐피털에서 누구나 수백억 원
의 투자를 받는 게 당연하게 받아들여졌다. 벤처캐피털들이
지분 일부를 투자할 때의 회사 전체 밸류에이션과 기업 매
각을 할 때 밸류에이션은 격차가 크다. 기존 투자자들이 들

어와 있었다면 회사의 밸류에이션이 크게 부풀려졌을 테고, 이후 그 밸류에이션보다 인수 밸류에이션을 높게 책정해야 했기 때문에 딜이 쉽지 않았을 것이다.

두 번째로 투명한 회계 관리를 위해 노력했다는 것이다. 물론 전문가인 회계사나 인수하려는 회사 입장에서 보면 부족한 점이 많겠지만 업력이 짧음에도 브랜드별·제품별 매출, 원가 관리, 기타 판관비(기업의 판매·관리·유지에서 발생하는 비용) 등 세부 항목을 월 단위로 작성하고 기록했다.

세 번째로 대표의 카리스마로 운영되는 회사가 아닌, 매뉴얼에 따라 움직이는 회사로 만들기 위해 노력했다. 인원이 증가하다 보면 빈틈이 생기고 그로 인해 사건사고가 빈번해진다. 이를 방지하기 위해 매번 기록하고 매뉴얼화해서 사건사고를 최소화하는 방향으로 경영했다. 대표의 '직감'이 아닌 시스템을 통한 운영으로 위험은 최소화하고 꾸준히 우상향하는 회사를 만들 수 있었다.

Q5. 딜 과정에서 특히 기억에 남는 일이 있었는가?

외부의 투자를 받은 적이 없기에 타 기관에 회사의 모든 것을 공개하고 평가받는다는 것에 큰 부담감이 있었다. 시작부터 마무리까지 매우 부드럽게 진행되어서 별다른 일화는 없었다.

Q6. 밸류에이션은 어떻게 결정되었고, 어떤 문제가 있었는가?

회사 영업이익에 몇 가지 조정 사항이 반영되었다. 딜을 위한 밸류에이션을 할 때는 회사의 영업이익을 정상화하는 과정이 추가된다고 들었고, 특히 인수 이후 발생하지 않는 비용 항목들은 조정되어 기업가치를 산정했다. 대략 영업이익의 10배수로 가치평가를 진행한 것으로 기억하고 있다.

Q7. 딜은 누가 주관했으며 어떤 것들이 도움이 되었는가? 또 기억에 남는 일화가 있는가?

지인을 통해 매각 작업에 들어갔기 때문에 지인이 소개해준 자문사와 계약을 체결하고 업무를 진행했다. 우리 회사에 대한 검토, 마케팅 자료 제작, 잠재 인수자 탐색 및 협상까지 모두 지원해주었다. 실사에 대응할 때는 우리 경영진이 많이 개입할 수밖에 없었지만 다른 과정들은 대부분 자문사에서 업무를 대행해주었다.

Q8. 실사에 대응할 때 힘든 점이 있었는가?

업계에 대한 이해가 부족한 회계사들이 기존 제조업을 바라보는 잣대로 회사 평가를 밀어붙였다는 것이 조금 아쉬웠다. 업계가 생긴 지 약 8년밖에 되지 않아 관계자가 아니면 이해하기 어렵다는 건 충분히 이해하지만 아쉬운 부분으로 남는다.

Q9. 과거로 돌아간다면 무엇을 미리 준비했을까?

과정 자체가 매우 빠르고 부드럽게 진행되었기에 큰 아쉬움
은 없다. 다만 딜이 끝나고 협업 관계로 일을 진행하다 보니
'당연히 알겠지'라고 생각했던 부분들이 '고지받지 못해 모
르는' 경우가 되어 있었다. 여러 가지 사정을 제출했다고 하
더라도 그것들을 조합해 나오는 결론을 별도로 고지해야 추
후 문제가 생기지 않을 것 같다.

Q10. 현재 근황은 어떠한가?

다른 사람들을 보면 1~2년 정도 휴식기를 가진 다음 다시
새로운 사업을 시작하는 듯하다. 잔여 지분까지 완전히 다
정리하면 나도 1~2년 정도 휴식기를 가졌다가 전통적인 산
업에 디지털 마케팅을 접목해 새로운 사업을 계획해보고 싶
다. 그때 새로 계획하는 사업은 5,000억~1조 원 규모로 커
질 수 있는 산업군에 외부 투자를 적극적으로 유치하며 진
행할 것 같다.

Q11. 마지막으로, 엑시트를 원하는 경영자에게 하고 싶은 말이
있다면?

내 회사를 매각하고 싶다면 팔릴 수 있는 조건을 미리 만들
어놔야 한다. 업력이 짧은 회사 중에 회계 관리가 투명하지
못한 경우가 많고, 업무 진행 방식도 대표 개인의 카리스마

와 직감에 따라 결정되는 경우도 많다. 빠르게 움직일 수 있다는 장점이 있겠지만 달리 생각해보면 대표가 빠지면 아무것도 아닌 회사임을 증명하는 꼴이다. 따라서 회사를 전체 매각하고 창업 대표가 아닌 다른 누가 와도 잘 돌아갈 수 있게 만들어야 한다. 그래야 인수 회사에서도 긍정적인 검토 결과가 나올 수 있다.

고시낭인이었던 내가 35세에 단돈 3,000만 원으로 창업을 했다. 창업 초창기에는 한 달에 1,000만 원 버는 게 목표였다. M&A 같은 거대한 사건은 나에게 해당되지 않을 거라 생각하며 경영 일선에서 최선을 다하다 귀인을 만나 이렇게 성장했고 또 딜을 시작할 수 있었다. 나에게 이런 기회를 준 주관사와 나를 믿어준 인수 회사에게 고마움을 전한다.

# EXIT BIBLE

# EXITBIBLE

# 2장

# 엑시트 여정의
# 동반자

# 누가 왜
# M&A에 뛰어드는가?

딜은 어떻게 성사될까? 투자자든 인수자든 거래에 참여하는 당사자들은 명확한 목표가 있다. 조금 경박하게 표현하자면 '돈 벌기 위해서'고 조금 세련되게 표현하자면 '기업가치 제고를 위해서'다. 자세히 살펴보겠지만 FI$^{Financial\ Investor}$(재무적 투자자)의 대표 주자인 사모펀드$^{Private\ Equity,\ PE^●}$는 기본적으로 M&A를 통해 이윤을 창출한다. 즉 사모펀드의 주요 수익은 좋은 회사를 인수해 가치를 제고하고 이를 다시 비싸게 매각함으로써 발생하는 차액의 일

---

● 사모방식으로 펀드를 구성해 다양한 투자·회수 전략을 수행하는 전문투자회사로, 정식 명칭은 '사모투자전문회사'다.

부다. 반면 SI^Strategic Investor(전략적 투자자)는 본인의 기업가치를 올리기 위해 M&A에 참여한다. 신사업 진출, 시너지 창출, 시장 점유율 확대 등 추구하는 목적은 조금씩 다르지만 결국 인수자의 가치 제고가 근본 목적이다.

회계법인과 딜 자문사를 운영하다 보면 다양한 경로로 여러 경영자들을 만나게 되는데, 그중 M&A에 대한 이해도가 낮은 사람들은 기업가치나 주식가치의 본질을 잘 이해하지 못한다. "수백억 원을 들여 인수하느니 그 돈으로 차라리 직접 신사업을 하는 게 나을 것 같은데요"가 가장 흔한 피드백이다. 맨땅에서 사업을 일군 사람들은 처음부터 브랜딩과 기획을 하는 데 자신 있으므로 큰돈을 들여 인수하는 거래 자체를 납득하지 못하기 때문이다. 그러나 기업을 운영하는 경영자라면 두 가지 색다른 관점을 알아두어야 한다.

첫째, M&A를 하려는 사람들은 수백억 원을 들여 그 돈을 영업이익이나 당기순이익으로 회수하려는 목적으로 딜을 하지 않는다. 그들은 수백억 원에 산 회사를 잘 키워 수천억 원에 매각하거나 기업가치를 수천억 원 이상으로 높이고자 딜에 참여한다. 즉 지금 큰돈을 지출하더라도 기업가치만 잘 올린다면 충분히 더 많은 돈으로 회수할 수 있다고 믿는다. 개인이 아파트 값이 오르면 차액을 많이 벌 수 있다는 생각으로 큰돈을 들여 아파트를 사는 것과 같은 이치다.

또 하나는 시간이라는 비용이다. 급변하는 경제 환경에서 시간은 그 어떤 것보다 가치 있는 자산 중 하나다. 경영자 대부분이 성장 속도에 지대한 관심을 보이며 성장이 전제되지 않으면 생존 자체가 위협받는 곳이 비즈니스 세계다. 그렇기 때문에 비즈니스 변화 속도를 제대로 따라가면서 더 빠르게 치고 나가 시장을 선점하려는 성장 전략이 중요하고, 빠른 성장에 M&A만 한 카드가 없다. 신사업, 시너지 등 전략적 목적의 딜에서도 처음부터 모든 것을 직접 만들어가는 것보다 자본을 통해 시간을 확보할 수 있다는 점이 M&A의 가장 큰 매력이다. 직관적인 이해를 위해 정리하자면 다음과 같다.

1. 직접 신사업을 할 때: 돈, 시간, 인력, 위험 부담이 더 크다.
2. 좋은 회사를 인수할 때: 비용을 더 들이면 시간, 인력, 위험 부담을 모두 줄일 수 있다.

이 두 가지는 수백억 원에서 수천억 원의 딜이 성사되는 중요한 근거이기도 하다. 실패한 M&A도 많지만, 반대로 성공한 M&A는 단 몇 년 만에 최대 수천억 원 이상으로 기업가치를 끌어올렸다. M&A를 성공해본 적 있는 경영자 중에 몇몇은 그동안 영업활동을 통해 따박따박 올렸던 매출이 허무할 정도라고 이야기한다. 이것이 많은 사람이 M&A에 참여하는 주된 이유다.

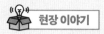

조금 재미있는 인수 목적도 간혹 접하게 되는데, 대기업이나 중견기업 2세, 3세의 승계와 관련된 딜이다. 대기업까지 갈 필요도 없이 중견기업이나 탄탄한 중소기업의 2세, 3세들은 꽤 유복한 환경에서 자라왔다. 남부럽지 않은 교육을 받았고, 그들 나름의 꿈과 전문 영역이 제각각 존재한다.

근래에 이들이 희망하는 영역의 신사업 진출을 위해 기업 인수를 진행하는 사례가 조금씩 늘어나고 있는 것 같다. 즉 아버지나 할아버지 세대가 이룩한 회사를 그대로 이어받는 데는 관심 없고(오래된 사업 영역이라 성장성이 떨어지는 경우가 많음) M&A를 통해 자신이 원하는 쪽으로 신사업을 하려고 한다.

# 거래 상대방에 대한 상식

모든 거래에는 거래 상대방이 있다. 즉 내가 엑시트를 하려면 내 사업을 원하는 누군가가 있어야 한다. 따라서 잠재 거래자를 잘 알아야 기업의 경쟁력을 키우고 엑시트에 성공할 수 있다. 잠재 거래자는 작게는 수십억 원, 많게는 수천억 원 이상의 금액을 지불할 능력이 있으며, 그 수가 부동산 거래보다는 많지 않으므로 어떤 부류가 인수에 참여하는지 미리 확인해두어야 한다.

앞서 살펴본 대로 잠재 거래자는 크게 둘로 나뉜다. 투자를 통해 차익을 실현하려는 FI와 전략적인 시너지 창출이나 신사업 진출을 노리는 SI다. FI 투자자에 대한 이야기는 후술하기로 하고, 여기서는 SI가 딜에서 주로 요구하는 사항들을 정리해보겠다.

우선 SI는 신사업 진출이나 시너지 창출을 위해 자회사를 설립하거나 사업부를 신설하기보다는 인수를 통해 효율성과 효과성 모두 확보하고자 한다. 아무래도 큰 규모의 자본을 조달할 능력이 있어야 M&A가 가능하기 때문에 상당수 SI는 대기업 집단이나 현금 보유량이 많은 중견기업이다. 특히 상장 회사 중에는 신사업 진출과 시너지 창출이 회사 주가에 긍정적으로 작용할 수 있기 때문에 M&A 거래에 관심을 보이는 곳이 많다. 상장 회사는 유상증자나 전환사채 발행 등 자본을 조달할 수 있는 옵션도 비상장 기업에 비해 훨씬 많기 때문에 상대적으로 딜에 더 적극적으로 나선다.

SI 투자자의 중요한 키워드 중 하나가 상장이다. 따라서 상장을 준비하는 기업이나 상장 유지 조건에 민감한 기업들도 중요한 SI들이다. 특히 상장을 준비하는 기업과 이제 막 상장한 기업들은 자체 성장도 중요하지만 외부와의 결합으로 성장한 기업가치를 증명해야 하기 때문에 M&A를 활발하게 진행한다. 상장 후 높은 기업가치를 달성하려면 스토리텔링, 전략, 체계적인 재무제표 등이 필요한데, 이 와중에 M&A만큼 매력적인 선택지도 없기 때문이다.

또한 상장사 중 일부는 당장의 매출이나 영업이익이 필요해 인수를 시도하기도 한다. 다만 이 경우는 인수자의 요구와 거래 방식을 꼼꼼하게 살펴보아야 한다. 해당 상장사의 펀더멘털(기본적 경제 지표)이 취약하면 인수하더라도 결말이 좋지 않을 수 있기 때문이다. 이 사례는 작전주나 무자본 M&A와 연관되어 있는데 뒤에서 별도로 다루었다.

큰 금액의 투자유치에 성공한 대규모 스타트업 회사도 최근 M&A 시장의 새로운 주자로 대두되고 있다. 이들은 거액의 투자금을 바탕으로 빠르고 과감한 성장을 추구한다. 이러한 이유로 M&A에 굉장히 공격적일 수밖에 없다. 신사업, 시너지, 상장 등 앞서 언급한 모든 요소가 필요하므로 스타트업 간의 딜도 많이 이루어진다.

다만 자체적인 현금 창출력이 입증되지 않은 기업과 거래할 때는 딜의 대가로 무엇을 주고받는지, 또 자금 스케줄이 어떻게 되는지 등 매도자 입장에서 살펴보아야 할 것이 많다. 2010년 중반 세상을 시끄럽게 만들었던 옐로모바일 M&A 사례*는 좋은 교훈이 된다.

최근 급격한 금리 인상으로 자본시장이 경색되었고 스타트업 벤처 시장의 유동성도 급격하게 줄어들었기 때문에 특히 더 주의해야 한다. 자본시장이 어떻게 변할지 아무도 예측할 수 없지만 한 가지 분명한 것은 성장 속도를 중요시하는 대규모 스타트업의 M&A는 앞으로도 더 증가할 것이라는 점이다.

---

● 기업가치 5조 원에 육박했던 스타트업 연합체 형태의 회사인 '옐로모바일'은 무리한 M&A 확장으로 많은 문제를 야기했을 뿐만 아니라, 거래대금과 주식 교환에 대한 이슈도 끊이지 않았다. 당시 주식 교환으로 받았던 옐로모바일 주식은 가치 없는 자산이 되었다.

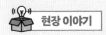
**현장 이야기**

유형을 아는 것도 중요하지만 각각의 투자 성향과 지식, 그리고 딜 시장에 참여하게 된 이유도 알아두어야 한다. 특히 SI는 해당 기업의 경영자, 조직 문화, 경영 방식, 인수 목적 등이 천차만별이다. 물론 정확하게 파악하는 것은 쉽지 않지만, 과거에 그 SI가 어떠한 투자를 해왔는지 파악하고, 다양한 인맥을 통해 정보를 획득하려 시도해야 한다.

또한 딜의 거래 상대방은 대부분 M&A에 전문 지식을 갖추었거나, 전문가를 고용할 수 있는 위치의 기업이라는 점을 기억해야 한다. 소위 호구처럼 거래에 달려들 가능성은 낮다. 그렇기 때문에 엑시트를 희망하는 경영자는 최대한 객관적인 시각으로 회사를 바라볼 수 있어야 한다.

# M&A 투자자의
# 공통된 투자 원칙

## FI 투자자의
## 육하원칙

### 누가, 왜

가장 대표적인 M&A 투자자는 사모펀드다. 재무적 투자자인 FI 는 기업의 성장 과정에 따라 시드$^{seed}$, 엔젤투자자, 엑셀러레이터, 벤처캐피털, 사모펀드, 증권사 등 다양한데 아무래도 M&A는 초기 단계가 아니므로 사모펀드가 대표 주자다. 물론 최근에는 사모펀드와 벤처캐피털의 경계가 모호해졌고, 구주 인수와 신주 투자가 적절히 섞여 진행되는 딜도 굉장히 많기 때문에 M&A 시장에 존재하는 FI를 굳이 나누어서 이해할 필요는 없다. 투자 후 성장 지원 방식에 차이가 있을 뿐 자본을 투자해 차익을 만들어낸다는 본질적인 목적은 같기 때문이다.

FI 투자자들의 투자재원 대부분은 유한책임투자자<sup>Limited Partner,</sup> LP[●]의 자금이다. 투자시장은 LP와 무한책임투자자<sup>General Partner, GP</sup>[●●]로 구분되는데 LP는 물주, GP는 그 돈을 투자하고 운용하는 투자자 정도로 이해하면 된다. 흔히 말하는 사모펀드 운용사는 GP에 해당한다. GP에 막대한 자금을 투자하는 주요 LP로는 국민연금, 우정사업본부, 공제회 등의 기관과 현금 보유량이 많은 금융기업, 대기업 등이 있다. 모태펀드라고 불리는 국가정책 LP도 존재한다. 어쨌든 사모펀드와 같은 FI들은 두 가지 업무가 아주 중요한데 바로 LP 모집과 좋은 딜을 발굴해 투자하는 것이다.

2000년대 초반만 해도 국내에 사모펀드는 몇 개 없었지만, M&A 시장이 성장하면서 사모펀드 숫자도 크게 증가해 2022년에 등록된 사모펀드 운용사만 500개가 넘는다고 한다. 그중에는 MBK파트너스, IMM PE, 한앤컴퍼니처럼 역사가 긴 대규모의 사모펀드도 있고, VIG파트너스, 프랙시스캐피털 등 중형 규모의 사모펀드도 많다. 사모펀드의 규모는 얼마나 큰돈을 투자하고 운용하고 있는지로 가늠하며, 통상 규모가 큰 사모펀드 운용사일수

---

[●] 개인 및 기관투자자를 포함한 투자자를 뜻한다.

[●●] 펀드를 운용하는 투자자를 뜻한다.

록 대규모 딜에 참여한다.

　사모펀드 운용 규모에 따라 딜의 선택 기준도 각기 다르다. 제법 규모가 큰 사모펀드들은 500억 원 미만의 딜은 아예 검토하지 않는 편이지만 규모가 상대적으로 작은 사모펀드들은 100억 원 미만 딜도 볼트온bolt-on* 방식으로 검토한다. 어쨌든 M&A 시장의 대표 주자가 사모펀드인 것은 명백하고, 자료에 따르면 국내 M&A 거래의 50% 이상이 사모펀드가 주도하는 거래라고 한다.

## 언제

FI 투자자들은 투자와 인수 자체가 그들의 영업활동이기 때문에 언제나 투자와 인수에 귀를 기울인다. 또한 SI 투자자들은 자신의 요구와 타이밍이 일치할 때 거래를 하는 반면, 사모펀드를 대표로 하는 FI 투자자들은 적극적인 투자 시기, 투자보다는 포트폴리오 관리와 엑시트에 집중하는 시기로 나누어 판단하지만 기본적으로는 언제나 투자에 참여할 준비가 되어 있다.

　그렇다면 FI가 평소보다 적극적으로 투자를 집행하는 시기는 언제일까? 바로 펀드를 결성해 자금이 넉넉한 초반과 펀드 집행 만기가 임박했으나 드라이파우더dry powder**가 아직 남아 있는 시

---

● 기업이 영위하는 사업과 그와 관련된 업종의 기업을 인수해 시장 지배력을 점차 확대해가는 방식을 뜻한다.
●● 펀드를 결성했으나 투자에 아직 소진되지 않은 자금을 뜻한다.

점이다. 앞서 설명했듯 FI들도 그들에게 자본을 투자한 LP가 존재하고, LP와 계약할 때 투자와 엑시트 완료 기한 그리고 최소 수익률 달성 등을 약정한다. 따라서 정해진 기한 내에 투자를 집행하지 않으면 문제가 될 수 있다. 이러한 상황에 직면한 펀드가 있다면 조금 긴박하게 투자가 진행될 수 있으니 투자 집행 가능성도 조금 높아진다고 할 수 있다. 딜에 타이밍이 중요하다는 이야기를 반복해서 강조하고 있는데 이처럼 타이밍은 꼭 매각 회사의 타이밍만 해당되지 않는다.

## 어디서

FI들에게 좋은 딜을 찾는 것은 아주 중요한 영업활동 중 하나다. 이를 인맥을 통해 해결하기도 하고 대상 회사를 탐색해 직접 매각을 설득하기도 한다. 증권사, 회계법인, 부티크(소수의 고객을 대상으로 하는 소규모 자문사) 등과 같은 자문사에서 딜을 소개받는 경우도 많다.

FI들은 규모별로 적합한 채널을 관리하고 네트워크를 유지하기 위해 노력한다. 즉 자신에게 딜을 연결해줄 만한 대기업 집단, 유사한 규모의 FI 투자자들, 딜 주관 업무를 하는 IB<sup>Investment</sup> <sup>Bank</sup>(투자은행), 회계법인 등과 꾸준한 관계를 유지하고 있다. FI들이 직접 탐색해 회사에 인수를 제안하는 경우에 대한 대처법은 이어지는 내용에서 별도로 정리했다.

## 무엇을

FI의 근본적인 목적은 동일하지만 무엇에 투자하는지는 투자사의 성향과 여건마다 제각기 다르다. 조성된 펀드의 설립 목적에 따라 달라지기도 한다. 이때는 보통 사모펀드를 운용하는 전문가가 어느 섹터에 속하는지가 중요한데 소비재 투자에 특화된 경우가 있는가 하면, 제조업 회사에만 투자하는 FI도 있다. 이에 대처하려면 FI들이 주로 어떤 기업에 투자하는 것을 선호하는지 기본 토대를 이해하는 것이 더욱 중요하다. 이에 대해서는 이 책 전반에서 엑시트 단계와 함께 설명하도록 하겠다.

## SI 투자자의 육하원칙

### 누가, 왜

M&A와 투자를 통해 새로운 성장 동력이나 시너지를 창출해 기업가치를 제고하고자 하는 모든 기업이 SI 투자자다. SI 투자자들의 일반적인 부류는 1장에서 설명한 내용을 참고하면 되며, 그보다 FI 투자자와는 다른 SI 투자자만의 몇 가지 성격을 잘 이해하는 것이 중요하다. FI 투자자들은 투자 목적이 대부분 동일하지만 SI 투자자들은 제각기 목표가 다르기 때문에 특징 또한 SI 투자자마다 모두 다르다.

우선 각 SI 투자자가 어떻게 자본을 조달하는지 확인해보자. 가장 간단한 사례는 보유 중인 여유 현금으로 투자하는 것이다. 다양한 영업과 투자활동으로 현금을 넉넉히 쌓은 기업들은 딜 시장에 늘 많은 관심을 보인다. 이 중에 아무래도 M&A나 투자로 큰돈을 벌었거나 기업가치 제고에 성공해본 투자자들이 더욱 적극적으로 나설 수밖에 없다.

상장 키워드가 적용되는 사례에서는 유상증자나 전환사채, 신주인수권부사채 발행 등의 자본조달 방식으로 딜을 진행하는 경우가 많다. 인수하고자 하는 기업이 매력적이라면 자본을 추가로 조달하더라도 딜을 마무리하고 싶어 하는 것이다. 각각의 자본조달까지 모두 딜이라고 본다면 이처럼 딜(인수)을 위한 딜(자본조달)도 생기고 중간 거래가 늘어날수록 딜에 변수가 많아진다. 원하는 회사를 인수하려고 또 다른 딜(주주명부가 변동되는 행위)을 하는 것인데 오히려 이해관계가 늘어나면서 다양한 변수가 생기고 시간도 더 걸릴 수 있으므로 이 점을 충분히 고려해야 한다.

딜을 위해 차입을 고려할 수도 있다. LBO<sup>Leveraged Buyout</sup> 방식<sup>•</sup>의 인수는 FI와 SI 모두 활용하는 자본조달 방식이다. 즉 금융기관에서 회사 자산이나 주식을 담보로 돈을 차입하고 이를 활용해 딜을 진행한다. LBO 방식의 차입을 활용하는 인수자를 만날 경우

---

● 인수하려는 기업의 자산을 담보로 금융회사에서 돈을 빌린 후에 해당 자금으로 인수를 진행하는 방식을 뜻한다.

무자본 M&A가 아닌지, 또 LBO의 담보물이 무엇인지 잘 검토해야 대표이사의 배임 문제에서 자유로울 수 있다. LBO를 잘못 활용하면 딜의 위험 부담이 매도자에게 전가될 수 있기 때문에 이 부분은 꼭 전문가의 조언을 참고해서 거래에 참여해야 한다.

SI 투자자들은 자금을 조달하고 투자 위험성을 상쇄하기 위해 자본조달에 전문성을 지닌 FI 투자자들과 손을 잡기도 한다. 즉 인수 과정에 다른 투자자들과 함께 투자를 진행하며, 보통 컨소시엄(공통 목적을 위한 조합)을 구성하는 방식을 택한다. FI 입장에서도 해당 산업에 전문성이 있는 SI와 함께 투자할 수 있어서 선호하는 투자 방식 중 하나다. 이렇게 SI와 FI 투자자들이 손잡고 함께 투자하는 형태가 최근 들어 자주 나타나므로 매도자와 피투자자 입장에서는 이런 방식의 딜을 인지하고 있는 편이 좋다.

그리고 SI 투자자들은 FI 투자자들과 달리 투자나 인수가 본업이 아니다. 그렇기 때문에 어떤 SI 투자자인지, 왜 이 거래를 하려고 하는지, 자본조달 방식은 어떠한지 등을 잘 파악하는 것이 중요하다. 대기업이나 상장사 등 대규모 SI 투자자가 더 쉽게 인수를 진행할 것이라 생각하는 사람이 많은데 이는 잘못된 선입견이다.

결론부터 이야기하면 SI 투자자는 각 기업의 문화나 인수 목적, 타이밍 등에 따라 천차만별의 딜 스타일을 보인다. 또한 기업 규모와 현금 보유량이 딜의 난이도나 속도를 결정하지 않으니 이 점을 명확히 인지해야 한다. 또한 돈이 많은 대기업이나 M&A를 많이 하는 회사와 상대하면 딜이 쉽게 풀릴 것이라 착각해서는 곤란하다. 오히려 SI 투자자와의 딜은 FI 투자자보다 변수가 더 많다. 갑자기 내부 인사이동으로 딜을 검토하던 책임자가 변경되기도 하고 최종 의사결정권자나 주주총회에서 딜이 반려되기도 한다.

## 언제

SI 투자자들은 내부 상황에 따라 딜을 적극적으로 진행하는 시기도 제각기 다르다. 그 이유는 대표이사가 바뀌거나 승계 준비에 들어갔거나, 또는 원래 계획과 달리 상장하고 대규모의 자본을 조달하는 등 무척 다양하다.

이는 SI가 투자에 나서는 이유와 연결될 수밖에 없다. 즉 어떤 기업이 최근 어느 영역에 관심이 많은지에 대한 정보는 M&A 시장 참여자들의 입을 통해 오르내리기도 하고, 관련 기사나 홍보 활동을 통해서도 어느 정도 짐작할 수 있다. 예를 들어 최근 농심은 공식 기사를 통해 건강기능식품에도 진출한다는 계획을 발표했는데 당연히 이 경우에 농심은 건강기능식품 회사 인수나 투자에 관심을 가질 수밖에 없다.

이 같은 이유로 SI 딜은 타이밍이 특히 중요하다. 다만 경영자 입장에서 SI의 희망 사항과 타이밍을 일일이 파악하기는 불가능에 가깝다. 이에 대한 구체적인 이야기는 3장에서 소개하도록 하겠다.

## 어디서

앞서 언급한 대로 SI 투자자마다 딜을 찾는 방법이 제각각이다. 예를 들어 LG생활건강, 대명화학처럼 M&A에 적극적이며 표적으로 하는 산업이 명확한 회사들은 굳이 딜을 찾으려 노력할 필요가 없다. 가만히 있어도 수많은 딜 자문사와 기업에서 인수나 투자를 꾸준히 제안하기 때문이다. 이를 검토하면서 좋은 기업만 추려도 충분하지만 어느 정도 규모가 되면 회사 내부에서 마땅한 인수자 후보군을 이미 알고 있는 경우가 많다.

그럼에도 좋은 딜을 찾으려는 SI 투자자도 많은데 이들도 FI 투자자들과 유사한 방식으로 대응한다. 기존 인맥을 통해 확보하거나 딜 자문사, 회계법인, 증권사는 물론이고 기업 조회 사이트를 활용해 후보군을 물색한다.

SI 투자자 중에는 인수나 투자 목적으로 접근하더라도 처음부터 의사를 명확히 밝히지 않는 경우가 종종 있다. 나쁜 의도라기보다는 처음부터 '회사를 매각하세요'라는 메시지를 전달하는 것에 대한 위험 부담을 꺼리는 것이다. 또 인수를 제안하기 전에 회사의 강점과 스타일을 파악하고자 다양한 방식으로 협업을 제안하기도 한다. 이러한 협업은 인수자나 매도자에게 모두 의미 있을 수 있는데 민감한 문제로 연결될 수 있는 만큼 주의 깊게 접근해야 한다. 매도자 입장에서는 딜을 할 수 있는 기회가 되기도 하지만, 반대로 회사 기밀이나 약점을 노출할 수도 있음을 인지하고 의사결정을 하는 것이 좋다.

## 무엇을

SI 투자자의 검토 범위는 아무래도 FI 투자자보다는 좁다. 투자 자체가 본업이 아니므로 본업이나 투자 주체인 회사와 시너지를 낼 수 있는 딜을 우선적으로 검토하기 때문이다. 만약 이들이 밸류체인에 속한 회사를 수직적 또는 수평적으로 통합할 계획이라면 후보 회사군이 자연스럽게 추려진다. 또는 신사업에 진출한다 해도 기존에 잘하던 영역과 연관된 회사의 인수나 투자를 검토한다.

이러한 이유로 SI 투자자가 좋아하는 회사는 FI 투자자의 회사와 결이 조금 다르다. 물론 SI도 펀더멘털이 우수한 회사를 좋아하겠지만 그들의 요구 사항에 조금 더 뾰족하게 맞는 회사를 인수하는 경우가 더 많다. 즉 FI 투자자는 명확한 약점이 있으면 투자를 잘 결정하지 않지만, SI 투자자는 그 약점을 본인이 충분히 상쇄할 수 있다면 오히려 더 반길 수도 있다.

### 현장 이야기

불과 10~20년 전만 해도 국내에 사모펀드가 몇 개 없었다. 기억을 더듬어도 내가 신입 회계사일 때 사모펀드로 이직하는 사람들은 아주 희소했다. FI 측에서 투자활동을 하는 사람들의 출신은 크게 세 가지다. 전통적인 해외 IB 또는 국내 증권사 출신, 국내외 컨설팅 회사 출신, 그리고 회계사 출신이었다.

과거에는 최상위 해외 명문대 출신의 전문가들만 활동하던 무대에 조금씩 국내파와 국내 기업, 회계법인 출신들이 포진하기 시작했다. 요즘은 대학생 때부터 이쪽으로 진출하려는 수요가 꽤 늘어난 것으로 알고 있다.

이러한 현상은 결국 자본시장의 발전과 궤를 같이한다. 게다가 국내 취업 상황과 경제 환경, 인구 구조 등의 요소들을 고려하면 젊고 유능한 사람이 더욱더 창업시장이나 자본시장에 진출할 것이라 예상된다. 따라서 더 많은 벤처캐피털이 생기고 기존 시장의 대형 사모펀드를 위협할 만한 신생 사모펀드도 등장하지 않을까 싶다. 최근 행동주의 펀드를 표방하는 몇몇 사모펀드의 활약으로 수천억 원 규모의 상장사에도 영향력을 행사하고 있는데, 이런 사례가 늘어날수록 중소기업의 딜과 엑시트 기회도 더 많아질 것이다.

현장에서 여러 상담을 하다 보면 생각지 못한 SI들의 M&A 요구 사항을 확인할 때가 종종 있다. 앞서 정리한 상장사나 상장을 준비하는 회사가 쉽게 예상할 수 있는 SI 투자자라면, 예상 외의 SI 투자자들은 상장이나 기업가치 상승 목적이 아니더라도 인수를 희망하곤 한다. 이들은 보통 승계나 기존 사양 산업을 대체하기 위해 신사업에 진출하려는 경우가 많다. 꽤 오랫동안 비상장 회사로 사업을 잘 일궈왔지만 기업 존속을 위해 새로운 성장 동력을 찾아 나서는 것이다.

물론 M&A 경험이 많지 않아 실제로 딜이 성사될 때까지 많은 변수가 있겠지만, 이러한 SI의 관심이 지속된다면 국내 M&A 시장도 조금씩 성장할 수 있을 것이다.

# M&A 시장의
# 비전문가에 주의하라

거래 규모가 큰 중소기업 M&A 시장에는 생각보다 비전문가가 많다. 왜 비전문가를 만나는 일이 일어나며 무엇을 조심해야 하는지 알아보자.

통상 기업을 사고파는 과정에는 대규모의 자금이 오간다. 거래 규모가 크면 자연스럽게 거래비용도 늘어나고 그에 따른 수수료도 커질 수 있다. 실제로 단순히 회사를 연결해주는 것만으로도 수수료를 제법 많이 받는 곳들이 있다.

거래에 기여한 만큼 정당한 보상을 받으면 문제없겠지만 비전문가들의 잘못된 제안으로 어느 한쪽이 큰 피해를 보는 일이 종종 발생한다. 보통 M&A에 전문성이 떨어지는 중소기업 경영진이 피해자가 되는데 적절한 자문을 받지 않고 딜에 참여한 것도 문제지만 애초에 딜에 전문성이 없어서 비전문가의 논리에 쉽게 휘말린 탓이 크다.

또한 M&A는 좋은 작전주 테마다. 특히 사채시장의 거대한 자금을 교묘하게 활용한 무자본 M&A는 짧은 시간에 수십억 원에서 수백억 원에 달하는 이익을 만들어낼 수 있다. 즉 출처가 불분명한 자금을 유입시켜 주가를 높일 수 있는 방법 중 하나가 M&A이기 때문에 일부 검은 손들이 즐겨 찾는다.

그래서 누군가에게 M&A 제안을 받는다면 다양한 분야의 전문가 도움을 받는 것이 좋다. 비전문가의 딜은 처음에 논의한 거래 구조와 다른 양상으로 진행되는 경우가 많으니 주의하자. 예를 들어 현금 대신 가치가 불분명한 주식을 교환하며 인수가 진행되는 경우, 인수 이후에 거래대금 납입이 지연될 소지가 있는 경우, 계약 당시 밸류에이션 방식이 불명확한 경우 등에 특히 주의해야 한다.

또한 어느 한쪽이 거래를 조급해한다면 더욱 조심해야 한다. 다양한 이유를 들며 거래를 급히 끝내려 한다면 한 번쯤 의심해볼 필요가 있다. 좋은 딜은 매도자와 인수자 모두 마무리할 때까지 적당한 긴장감을 유지하는 경우가 많다. 대충 빨리 사겠다는 사람들이 무조건 잘못되었다고 볼 수는 없지만 매도자 입장에서는 숨을 고르며 상황을 객관적으로 파악해야 한다.

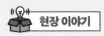 

젊은 창업자 둘이 찾아와 나에게 자문을 구한 적이 있다. M&A 브로커로 보이는 사람이 찾아와 현금 30억 원과 인수하는 회사의 주식을 일부 주겠다며 매각을 제안했다는 것이다. 당시 두 창업자는 기업가치가 적어도 100억 원 이상이라고 판단했다. 약 5년간 사업이 성장해 그해 예상 매출은 100억 원, 영업이익은 15억 원이었다. 게다가 출시한 지 얼마 안 된 자체 브랜드의 매출 비중도 조금씩 늘어나고 있었다.

브로커의 제안 중에 인수하는 회사의 주식이 좀 애매했다. 상장이 예정되어 있지도 않고 자산가치가 명확히 담보되어 있지도 않았기 때문이다. 또한 2~3년 전에 특수 목적으로 설립한 회사에는 페이퍼 컴퍼니로 의심될 만한 근거가 여럿 보였다.

당연히 현금 30억 원이 눈앞에 제시되면 누구나 흔들릴 수 있다. 게다가 다른 주식도 받으면서 그 주식의 가치 상승까지 이야기하면 더 흔들릴 수밖에 없다. 회사를 경영하다 보면 골치 아픈 일이 자주 생기기 마련이고, 아무리 매출이 높다 한들 대표이사 개인 통장에 그대로 들어가지도 않는다.

이러한 유형의 브로커가 실제로 꽤 많은 편인데 모두 나쁘지는 않겠지만 특히 주의해야 한다. 작전주나 사채시장과 연결되었을 수도 있고 정상적인 경우라도 전문 지식이 부족한 중소기업을 상대로 협상에서 우위를 차지하려고 들 수 있기 때문이다.

# 혼자 감당할
# 자신이 있는가?

M&A와 같이 대규모 거래에는 보통 양쪽 거래 당사자를 중재하는 자문사나 주관사가 있다. 자문사나 주관사 중에는 매도자와 인수자 사이를 중재하는 경우도 있고, 당사자 중 한쪽을 전담해 자문하는 경우도 있다. 골드만삭스<sup>Goldman Sachs</sup>, 모건스탠리<sup>Morgan Stanly</sup>와 같은 해외 IB에는 이러한 업무를 하는 전담 부서가 있고, 국내 IB와 증권사, 법무법인, 회계법인 및 M&A 부티크에서도 이같은 딜 자문 업무를 맡는다.

딜 자문사들은 크게 매각영역<sup>sell side</sup>과 인수영역<sup>buy side</sup>에서 자문과 주관 업무를 제공한다. 자문과 주관의 차이에 대해 명확한 규정이 있지는 않지만 통상 중개까지 담당하면 자문보다는 주관 업무라고 표현한다. 대표적인 주관 업무 중에 하나는 상장 주관사로, 상장을 시도하는 기업을 대상으로 기업 밸류에이션을 산정하고 공모 전략을 수립해 투자자를 유치한다. 또한 인수와 매각을 주도하며 딜의 전반적인 전략을 구상하고 매도자와 인수자를 찾아 중개하는 역할도 담당한다.

보통 인수자는 대부분 자문사를 선정한다. 자문사를 활용할 수 있는 자본과 인적 네트워크가 충분하고, 대규모 자금이 들어가는 만큼 자문사를 통해 다양한 위험 부담을 미리 판단하고 딜에서 협상 우위를 점하는 게 중요하기 때문이다.

매도자는 경우에 따라 다르다. 인수자가 매우 적극적이라면 굳이 자문사를 선정하지 않고 원하는 조건으로 딜을 종결하는 매도자도 있고, 시작부터 자문사와 주관사를 선정해 전략을 구상하는 매도자도 있다.

딜이 매도자 우위로 진행되는 극소수 사례를 제외하면, 자문사를 두는 편이 수수료를 감안하더라도 더 현명한 판단이라고 생각한다. 좋은 자문사를 보는 노하우는 딜의 전반적인 과정과 밸류에이션, 가이드라인 등 딜의 성공적인 마무리를 위한 요소들을 종합적으로 이해하면 금방 배울 수 있을 것이다.

# 엑시트 경험자 인터뷰 2

Q1. 딜과 엑시트에 대해 알고 있었는가? 알고 있었다면 어디서
정보를 얻었는가?

상장이나 매각이라는 말은 알았지만 당연히 우리 이야기라
고 생각한 적은 없었다. 자세한 것을 모르는 상태에서 당시
공동 대표가 우리 회사를 인수하고 싶어 하는 곳이 있다며
알려주었다. 당시 사업이 워낙 잘되고 주변에 소문도 제법
나서 인수 제안을 종종 받았다. 그러면서 자연스레 이런 시
장이 있구나 하고 깨달았다.

Q2. 매각 이후 삶이 어떻게 바뀌었는가?

매각 이전에도 자산은 충분히 있었지만, 매각 후에 엄청난 목돈을 난생처음 한 번에 받았다. 가진 게 없을 때는 '야수의 심장'을 가진 것처럼 적극적이고 공격적인 태도로 살았는데, 큰돈이 생긴 이후에는 오히려 잃을 게 생긴 듯해 약간 불안해졌다. 기분이 좋았던 건 잠시였고 잃지 않기 위해 깊게 고민하게 되었다. 사실 사업을 하면서 지칠 때도 없지 않아 마음 편히 쉬면서 살려고도 해보았는데 그렇게 몇 달 살다 보니 사는 게 재미없고 의욕도 없어졌다. 삶의 방향을 계속 고민하다가 결국 다시 새로운 사업을 시작하게 되었다.

Q3. 다시 돌아가도 매각을 선택할 것인가? 또 매각 이후에 어떤 장단점이 있었는가?

시간이 흐르면서 나의 생각이 바뀔 수 있지만, 지금 생각으로는 회사 매각은 장점이 단점보다 훨씬 많은 것 같다. 어쨌든 시간과 돈을 번 셈이라 새로운 기회가 자연스레 생겼기 때문이다.

Q4. M&A 성공에 어떤 것들이 가장 중요하다고 생각하는가?

지분 구조가 중요한 것 같다. 초기 경영진의 지분 구조가 어떻게 정리되었고 중간에 들어온 투자자와는 어떻게 계약했는지 등을 살펴야 한다. 실제로 내가 매각을 진행할 때 기존 주주들의 지분 구성을 정리하기 힘들다는 이야기를 많이 들었다. 물론 회사의 강점을 잘 어필하는 것도 중요한데 이 점에 대해서는 내가 운이 좋았던 것 같다.

Q5. 딜 과정에서 특히 기억에 남는 일이 있었는가?

나보다는 재무를 담당했던 공동 대표가 딜을 주도했기 때문에 특별히 기억나는 일화는 없다. 다만 계약서를 주고받으면서 생각보다 협상 기간이 길다는 느낌을 받았다.

Q6. 밸류에이션은 어떻게 결정되었고, 어떤 문제가 있었는가?

이익에 멀티플을 적용해서 기업가치를 산출했다. 특히 인수자가 가지고 있던 포트폴리오 기업의 부족한 영역을 우리가 보완하는 방식의 볼트온으로 어필한 것이 밸류에이션에 긍정적으로 작용한 것 같다. 해외 진출과 관련된 상표권 문제로 밸류에이션이 조정될 수 있었는데 다행히 자문사에서 잘 대응해서 큰 문제가 되지 않았다.

Q7. 딜은 누가 주관했으며 어떤 것들이 도움이 되었는가? 또 기억에 남는 일화가 있는가?

주변 추천을 받아 회계법인, 로펌과 계약했다. 인수자가 먼저 찾아와 거래가 성사되었기 때문에 우리 쪽 회계법인과 로펌에서는 우리가 크게 손해 보지 않는 방향으로 자문했다. 전문 용어가 많아서 어려웠던 점 말고 딱히 기억에 남는 일은 없다.

Q8. 실사에 대응할 때 힘든 점이 있었는가?

재고자산 관련 문제가 있었다. 재고에 따라 이익이 달라지니 중요한 문제였지만 우리 회사는 스타트업이었어서 재고 관리까지 체계적이지 못했다. 하여튼 의견 분쟁이 가장 많았던 문제로 기억한다.

Q9. 과거로 돌아간다면 무엇을 미리 준비했을까?

무조건 지분 구조를 확실히 정리할 것이다. 지분 관계가 복잡하게 얽히면 예상치 못한 문제가 발생할 수 있으니 추후 엑시트할 때를 고려해서 사업 초기부터 지분 구조를 신중하게 구성하는 편이 좋다.

Q10. 현재 근황은 어떠한가?

다른 사업을 키우고 있다. 이 사업도 적절한 타이밍이 되면 성공적으로 매각하고 싶다.

Q11. 엑시트를 원하는 경영자에게 하고 싶은 말이 있다면?

자기객관화가 중요하다. 자기객관화가 안 된 멤버들끼리 모여 사업을 운영하면 오래 못 간다. 끝까지 완주하려면 자신이 잘하고 부족한 부분을 스스로 파악해서 각자 부족하다고 생각하는 부분은 다른 멤버를 의견을 존중하며 양보하는 태도가 필요하다. 또한 각자 능력에 맞게 적절한 역할을 맡아야 한다. 우리 팀원들이 맞지 않는 옷을 입고 있었다면 과연 이 사업이 잘되었을까? 팀원마다 각자 다른 역할을 맡겠지만 그중 최대주주의 역할이 가장 중요하다.

지금은 야수의 심장을 되찾아서 지금 하는 사업에 집중하면서 건강하고 재밌게 살고 있다. 인생은 치열하게 살수록 더 재미있다. 그리고 엑시트 같은 커리어를 한 번 찍어보아야 나중에 더 큰 기회를 얻는 것 같다.

# EXITBIBLE

**3장**

# 엑시트는
# 어떻게 진행될까?

# 엑시트와 관련해
# 연락이 왔다면

어느 날 갑자기 우리 회사를 인수하고 싶다는 사람이 찾아온다면 어떻게 대처해야 할까? 앞서 언급했듯 딜 시장에서는 다양한 목적으로 회사를 인수하려는 기업이나 투자자 그리고 그들의 자문사가 있다. 따라서 이러한 제안을 받을 수 있다. 특히 성장하는 산업에 있는 회사, 대외적으로 홍보가 잘되어 있는 회사, 매출 및 이익 규모가 눈에 띄게 증가하는 회사들은 충분히 이런 제안을 받을 수 있다.

일단 매각할 생각이 없더라도 한 번쯤 가볍게 만나보아도 좋다고 생각한다. 어쨌든 모든 경영자와 주주는 언젠가 끝이 있기 때문이다. 게다가 먼저 찾아와주는 잠재 인수자가 언제나 있는 건 아니다. 따라서 가벼운 미팅을 통해 자사를 인수하려는 이유와 기업가치에 대한 인수자의 평가를 들어보고 인수 제안이 들어온 타이밍과 시장 환경을 확인해보는 것은 의미가 있다. 회사와 딜의 타이밍에 대해 인사이트가 많은 경영자라면 엑시트 가능성은 높아질 수밖에 없고, 또한 그동안 파악하지 못했던 외부의 시선을 간접적으로 확인하는 좋은 기회가 된다.

매각할 생각이 있을 때는 오히려 더 신중하게 대응해야 한다. 일단 냉정해질 필요가 있다. 인수 제안이 딜 종결까지 이어지려면 수많은 고비를 넘어야 한다. 특히 딜 브레이커(양측의 입장차를 좁히지 못해 협상 결렬을 야기하는 요소)가 될 만한 것이 있는지 예상해야 한다. 시간과 에너지를 많이 들였음에도 딜이 깨지면 가장 큰 피해를 보는 쪽은 경영자와 회사다. 주요 딜 브레이커는 5장에서 다룰 테지만, 우선 중소기업에서 나타나는 가장 흔한 딜 브레이커로는 회계 이슈와 법률 문제가 있다.

우선 인수자나 투자자가 먼저 찾아왔을 때 가장 중요한 것은 비밀유지협약Non Disclosure Agreement[•] 체결이다. 가볍게 한두 번의 미팅으로 끝난다면 특별히 우려할 것은 없지만 상대방이 꽤 적극적으로 회사 정보나 영업 방식, 핵심 노하우 등을 검토하고자 할 때도 많기 때문이다. 당연히 이는 나쁜 행동은 아니고 긍정적인 관

---

[•] 회사 간 계약을 체결하기 전에 양사 간의 정보의 비밀 유지를 위해 따로 진행하는 협약을 뜻한다.

심의 표현이다. 그렇기 때문에 매각이나 투자에 대한 의사가 있다면 이를 적절히 수용하되 비밀유지협약을 체결하고 우리가 제공할 정보와 상대방이 활용할 정보의 범위를 명확히 규정한 다음 딜에 임해야 한다.

앞서 설명한 대로 처음부터 인수나 투자 이야기를 꺼내지 않고 조심스럽게 접근하며 다양한 협업을 제안하는 쪽으로 딜을 시작하는 경우도 있다. 협업은 양쪽 모두의 업무 방식, 시너지 가능성, 장단점 등을 염두에 두고 서로에게 장기적으로 도움이 되도록 잘 이끌어가야 한다. 협업이 성공적으로 끝나고 서로에 대한 이해도가 높아지면 딜 역시 좋은 방향으로 전개될 가능성이 높아진다.

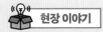 현장 이야기

다양한 상대방과 많은 협업을 진행한다 해도 엑시트의 가장 중요한 성공 요인은 협업이 아닌 기업 자체의 가치임을 잊어서는 안 된다. 여러 경로로 다양한 협업 제안이나 관심을 받을 수 있지만 이것이 실제 엑시트까지 이어지는 경우는 흔하지 않다. 상대방 입장에서 약간의 관심 표현은 그렇게 어려운 일이 아니다.

그래서 중소기업이나 스타트업을 운영하는 경영자들은 이러한 연락이 오더라도 원래 추구하던 사업 모델에 집중하는 편이 좋다. 딜 때문에 본업의 성장이나 경영자의 집중도가 흐트러지는 것에 특히 주의해야 한다.

특히 인수 제안을 받은 경영자는 그 제안에 너무 큰 의미를 부여하지 않아야 한다. 먼저 온 인수 제안이 딜 종결까지 가는 일은 흔치 않다. 수많은 사연으로 인수 제안이 끝까지 가지 못할 가능성이 있기 때문에 초반에 거론되는 기업가치나 딜 조건에 일희일비하면 경영자만 피해를 받는다. 툭 하고 건드리는 것은 너무 쉬운 일이고 딜이 종결되는 것은 전혀 다른 문제다.

오히려 본업에 집중해서 기존의 기업가치 창출에 몰입하는 것이 잠재 인수자들이 원하는 기업에 더 가까워지는 방법이라고 생각한다. 대표도 사람이기 때문에 외부의 이야기에 판단력이 흔들리고 경영 방향을 놓칠 수 있으므로 각별한 주의가 필요하다.

# 엑시트 절차와
# 의문점 해결

지금부터가 본 게임이다. 다음 내용은 내가 현장에서 가장 많이 받는 질문들을 토대로 구성한 것이다. 딜 시장은 매우 폐쇄된 시장이라 정보도 제한되어 있어 업계 종사자나 직접 엑시트를 겪어 본 경영자가 아니면 어떤 절차를 거치는지 자세히 알기 어렵다. 물론 회사마다 절차가 조금씩 다를 수밖에 없다. 아주 큰 자금이 오가는 거래를 일률적으로 정리하기는 어렵지만, 여기서는 딜이 처음부터 끝까지 어떤 흐름으로 진행되고 그 안에서 무엇을 대비해야 하는지 익히는 수준으로 이해하면 된다.

간혹 M&A와 그로스 캐피털<sup>growth capital</sup>● 자본조달(유상증자, 신주투자)의 차이에 대해 궁금해하는 사람들이 있다. 초기 시드나 시리즈 A에서의 투자유치는 대부분 경영자가 직접 진행하지만, 시리즈 B 이후의 그로스 캐피털 성격의 투자는(명확한 기준은 없지만 최소 수십에서 수백억 원의 투자유치를 의미한다) 회계사나 자문사에서 주관할 때도 있는데 M&A 거래와 유사한 절차로 진행된다고 생각하면 된다. 투자유치든 매각이든 결과적으로 주주명부가 변동되는 거래이지만 아무래도 경영권과 최대주주까지 변경되는 M&A가 훨씬 어려운 편이다. 따라서 매각 딜은 투자유치 딜에 다음의 절차와 포인트가 추가된다 생각하고 유사한 관점에서 접근하면 된다.

1. 자문사 선택
2. 딜 산업과 회사에 대한 이해
3. 기업가치평가
4. 티저$^{teaser}$와 IM$^{Information\ Memorandum}$**
5. 잠재 인수자 정리 및 접촉(태핑)
6. 실사
7. 협상 및 주식매매계약서 작성
8. 딜 마무리 및 세무 신고

---

● 성장 단계에 있는 기업의 성장을 이끌어내기 위한 투자를 뜻한다.

●● 투자자에게 전달하는 투자 대상에 대한 설명서 및 사업계획서를 뜻한다. 투자 대상의 투자 관련 정보가 담긴 보고서로 이해하면 된다.

## 신뢰할 수 있는
## 전문가를 선택하라

결론부터 정리해보자. 첫째, 경영자 본인이나 임원급 중에 딜 전문가가 있으면 좋다. 둘째, 내부 구성원 중에 딜 전문가가 없다면 외부 전문가를 고용해야 한다. 셋째, 경영자나 임원급 중에 전문가가 있더라도 자원 효율화와 성공 가능성 제고를 위해 외부 전문가 고용을 검토해볼 수 있다.

가장 이상적인 딜은 경영자가 스스로 만족스럽게 성사시키는 딜이다. 다만 경영자는 회사 경영에 바쁠 수밖에 없고 내부 전문가가 없는 경우도 많기 때문에 믿을 만한 외부 전문가를 고용하는 것도 중요하게 고려해야 한다. 딜은 회사의 주주명부가 변동하는 아주 중요한 거래다. 대표이사 개인의 미래는 물론이고 회사의 미래까지 크게 바뀔 가능성이 높다. 따라서 회사 내부든 외부든 가리지 않고 믿고 맡길 만한 전문가가 반드시 필요하다.

회사의 규모에 따라 찾아갈 수 있는 자문사 범위도 조금씩 다른데, 수천억 원이나 수조 원 규모의 딜은 보통 해외 IB들이 딜 업무를 주관한다. 아무래도 대기업과 해외 투자에 가장 탄탄한 인적 네트워크와 전문성을 보유하고 있기 때문이다. 수조 원 규모 아래로 딜 규모가 작아지면 국내 IB, 증권사 및 4대 회계법인 등이 서비스를 제공할 수 있다. 물론 작은 규모의 M&A 부티크 회사 중에도 다양한 성공 사례를 토대로 수천억 원의 딜을 자문하는 곳도 있다. 그리고 1,000억 원 이하의 딜은 소규모 증권사나 회계법인, M&A 부티크의 영역으로 보면 된다.

외부 전문가에게 딜을 의뢰하기 전에 보수 체계를 대략적으로 알아두면 좋다. 보수 체계는 고정금액을 수치하는 방식과 딜 성사 시 성공보수로 수취하는 방식이 적절하게 혼합된 경우가 가장 많다. 경영자 입장에서 최악의 선택은 착수금을 크게 지불했지만 딜에 실패했을 때다. 앞서 정리했듯 특히 중소기업 M&A 시장에는 비전문가가 많으므로 계약 전에 각 자문사의 장단점을 면밀하게 파악해 합리적인 계약을 이끌어내야 한다.

마땅한 자문사는 회사의 현재 상황과 경영자의 희망 사항에 따라 천차만별일 것이다. 다만 전문성과 성공 사례가 명확하고 해당 산업과 관련 딜에 대한 이해도가 높으면서 해당 프로젝트를 집중해서 처리해줄 수 있는 자문사를 찾는 것이 중요하다. 또한 여러 자문사 후보와 미팅을 해보는 것이 좋다.

한 가지 주의 사항을 부동산 중개와 비교해 설명하겠다. 부동산은 보통 하나의 매물에 다수의 부동산 중개인이 연결되어 있고 그중 거래를 성사하는 중개인이 보수를 받아간다. 그러나 기업 딜은 보안이 중요하고 자문사 또한 수많은 자원을 투입하므로 부동산 중개처럼 다수의 자문사가 딜을 수임하는 경우는 흔치 않다. 만약 복수 자문사에게 딜 주관을 맡긴다면 각 주관사가 모두 소극적인 방식으로 업무를 진행할 가능성이 높다. 공동주관이 아예 없는 건 아니지만 다수의 자문사가 참여하는 경쟁 체제에서는 적극적으로 움직이는 자문사가 많지 않다. 따라서 자문사를 잘 선정하고 현명하게 의사결정을 하는 것이 중요하다.

## 딜 시장의 시선으로
## 강점과 약점을 파악하라

딜 시장에 들어서면 다양한 이해관계로 얽힌 수많은 전문가가 기업을 객관적인 시각으로 바라보게 된다. IPO 시장이 전문가와 대중이 함께 참여하는 시장이라면, 딜 시장은 순수 전문가들만 참여하는 시장이다. 아무래도 경영진은 본인 회사의 강점과 약점, 그리고 밸류에이션까지 주관적인 시선으로 바라볼 수밖에 없다. 다만 이러한 시선을 갖추고 딜 시장에 나가면 꽤 많은 상처와 어려움을 마주할 가능성이 높다.

그래서 딜 시장에 본격적으로 등장하기 전에 객관적인 시선으로 회사를 살펴볼 필요가 있다. 특히 딜을 한 번도 해본 적 없는 중소기업이나 스타트업은 회사 스스로 모르고 있는 약점이 많다. 거듭 강조하지만 딜은 최소 수십억 원, 많게는 수천억 원이 오가는 거래다. 게다가 그 거래의 의사결정에 수많은 전문가가 개입하며 인수자나 투자자의 다양한 실사와 투자심사를 직면하게 된다. 이 과정은 생각보다 피곤하고 냉정하다.

본격적인 실사까지 진행하지 않더라도 객관적인 시선으로 회사가 딜 시장에 나갔을 때 무엇을 지적받을지 미리 검토하고 개선할 수 있는 부분은 빠르게 고치는 편이 좋다. 즉 잠재적 위험과 즉시 개선할 수 있는 요소, 그리고 당장 개선하지 못하는 부분에 대해 딜을 진행하는 과정 중에서 방어할 수 있는 논리나 자료들을 정리해두어야 한다. 그러나 이렇게 딜 시장의 시선으로 회사를 파악하다 막상 딜을 진행하지 않는 경우도 종종 있다. 이는 당장 준비가 부족하다고 판단해 회사를 개선하는 데 시간을 더 투입하는 경우라고 보면 된다.

딜 시장의 시선으로 바라본다는 것이 꼭 위험 요소를 점검한다는 것만 의미하지 않는다. 회사의 강점 역시 객관적인 시선으로 살펴보아야 하는데, 그 과정에서 경영진이 예상하지 못했던 강점까지 뽑아낼 수도 있다. 등잔 밑이 어둡다고 회사 내부 구성원은 회사의 강점이든 약점이든 잘 찾아내지 못할 수 있다. 특히 다른 회사와 비교하기도 쉽지 않으므로 상대적 강점을 찾기도 어렵다. 생각보다 많은 경영진이 "대표님 회사의 진짜 강점은 마케팅이 아니라 관리 시스템인 것 같습니다" 같은 예상치 못한 전문가 의견을 듣고 놀랄 때가 있다. 물론 반대 사례, 즉 회사가 잘하고 있는 줄 알았지만 실제로는 부족했던 적도 많았다.

딜은 누군가에게 자사의 장점을 파는 것인데 그 장점이 상대방의 약점이라면 더욱 효과가 커진다. 그래서 한 회사의 강점과 미래 성장성을 찾아내는 작업은 딜에서 아주 중요하며 관점에 따라 결과가 크게 달라질 수 있다. 즉 투자자에게 소개하는 장점들이 경영진만의 착각인지, 아니면 정말 설득할 수 있는 포인트인지 확인하려면 냉정한 시선이 필요하다.

## 밸류에이션 범위와
## 가격 합의

딜을 끝까지 잘 마무리하려면 인수자, 투자자, 매도자 사이에 가격이 원만하게 합의되어야 한다. 어찌 보면 당연한 이 요소 때문에 수많은 딜이 깨진다. 그렇기 때문에 딜에 참여하기 전에 적절한 밸류에이션 범위를 어느 정도 정해놓는 게 좋은데, 딜 과정에서 가장 어려운 단계에 속한다. 특히 회사를 경영하는 경영진 입장과 인수자 입장의 시각은 다를 수밖에 없으므로 이 점을 인정하면서 범위를 좁혀나가야 한다.

매도자나 인수자 중에 한쪽이 압도적으로 우위에 있다면 밸류에이션 범위는 상대적으로 덜 중요하다. 딜 시장에 등장하자마자 많은 잠재 인수자의 관심을 받는 매도자라면 당연히 가격 협상에서 우위에 설 수밖에 없다. 회사 상황이 좋지 않아 매각하는 경우라면 이와 반대일 것이다. 이렇듯 정답은 없지만 그럼에도 밸류에이션 범위를 어느 정도 합리적으로 산정하고 딜 시장에 참여하는 것이 중요하다.

이 과정에 FI든 SI든 딜 시장에 참여하는 사람 대부분은 전문가다. 누구도 인정하지 않는 가격이면 시장에서 외면받을 가능성이 높고, 누구나 싸다고 느끼는 가격이면 당연히 기대 이상의 관심을 받을 수 있다. 전문가 사이에서 어느 정도 합의를 끌어내는 밸류에이션 범위여야 시간과 에너지를 낭비하지 않을 수 있다. 시간과 에너지를 낭비하는 이유는 보통 가격이 맞지 않아서다. 가격을 합리적으로 정하는 방법은 다음 장에서 구체적으로 소개하겠다.

실제로 딜을 진행할 때 초반부터 가격을 알려주는 경우도 있고 반대일 때도 있다. 후자는 가격을 논의하기에 앞서 회사가 보유하고 있는 브랜드의 가치, 사업 모델, 재무현황, 미래 사업계획 등을 공유하고 이를 통해 밸류에이션을 산정한다. 즉 회사에 관심을 보이는 잠재 투자자와 밸류에이션을 서로 공개하고 다양한 전문가를 통해 가격을 협의해가는 것이다. 이 방식은 의미 있는 이야기를 주고받을 수 있다는 장점이 있지만 딜을 진행하는 데 시간이 오래 걸리고 변수도 많아질 수 있는 단점도 있다. 시장의 몇몇 참여자에게 간접적으로 밸류에이션을 평가받는다는 정도로 생각하면 될 것 같다.

정리하자면, 경영진 입장에서 먼저 밸류에이션 범위를 정해놓는 것은 중요하지만 상황에 따라 회사의 강점으로 이야기를 풀어가며 밸류에이션을 추후 협의하는 경우도 종종 있다. 밸류에이션에 정답은 없지만 어떻게 하면 최선의 결과를 얻을 수 있을지 경영진과 자문사가 함께 고민해야 한다.

# 예고편과
# 본편

전문가도 찾고 딜 시장의 관점으로 회사를 파악하고 밸류에이션 범위까지 정했다면 이제 기본 준비는 끝났다. 이후 딜을 본격적으로 진행하려면 투자자에게 어필할 만한 회사 정보를 문서화해야 한다. 이는 티저라는 예고편과 IM이라는 본편으로 나눌 수 있다.

두 문서는 딜을 진행할 때 중요한 기초 자료가 되는데, 세부 내용은 다음 장에서 살펴보기로 하고 여기서는 기본 사항만 점검하겠다. 우선 티저는 말 그대로 예고편이다. 보통 회사의 보안을 위해 회사명이나 브랜드 등을 공개하지 않고 문서를 만든다. 티저나 IM 형식에 정답은 없다. 티저의 근본 목적은 '관심을 끄는 것'이기 때문에 이에 최적화된 문서를 만드는 것이 중요하다. 물론 때에 따라 티저부터 회사와 브랜드를 공개하는 경우도 있는데 이역시 딜의 전략으로 생각하면 된다. 보통 상대방이 미팅을 먼저 요청하는 경우는 많지 않으며 티저부터 확인하길 바란다. 티저에 정보를 어느 깊이로 담을지는 보통 자문사와 경영진이 논의해 조정하면 된다.

티저에는 회사의 강점, 간략한 재무현황, 사업계획, 매각 사유, 딜 구조 등 상대방에게 가장 중요한 정보들이 담겨 있다. 티저 배포 방식도 전략적으로 판단하며 주로 적당한 잠재 투자자에게 제공하는 편이다. 이메일로 티저를 보낼 때는 간단한 인사말과 함께 딜을 소개하는 이유를 덧붙인다. 잠재 투자자들은 티저를 빠르게 훑어보고 추가로 접촉해볼지 결정한다. 하지만 섹터, 재무현황, 회사의 강점, 딜 규모 등이 생각했던 것과 달라 넘어가는 경우가 많다. 잠재 인수자, 특히 시장에서 인지도가 있는 SI나 FI들은 연간 수많은 티저를 받고 그중에서 소수의 딜만 진행한다. SI나 FI의 규모나 특징에 따라 다르겠지만 1년에 2~3건 이상 딜을 하는 경우가 흔치 않다. 따라서 티저를 꼼꼼하게 살피고 투자에 나선다.

예고편과 더불어 본편인 IM도 작업해두는 것이 좋은데 IM은 말 그대로 상세 회사소개서다. IR^Investor Relation보다 훨씬 더 상세한 회사소개서라고 보면 된다. IM에는 매출 상세 내역, 재무현황, 밸류체인, 영업 방식, 회사 조직도 등 기밀 정보에 해당하는 내용까지 수록되어 있어 보안이 무척 중요하다. 그래서 잠재 투자자 중에서도 딜에 어느 수준 이상으로 관심을 보이는 투자자에게만 IM을 제공하며 사전에 비밀유지협약을 꼭 체결한다.

IM은 잠재 투자자가 회사의 기초와 강점을 이해하는 가장 중요한 문서이면서 동시에 딜 종결까지 여러모로 영향을 미치는 중요한 문서다. 다음 장에서 내용을 상세히 소개하겠지만 잘 구성하는 것 못지않게 진정성이 중요하다. 즉 회사를 좋게 포장한다며 과장된 수치와 전망을 작성했다가는 최종 계약서에 악영향을 끼칠 수 있다. 따라서 자문사와 경영진 간의 깊은 논의를 거쳐 작성해야 한다.

## 후보를 물색하는
## 노하우

티저와 IM까지 준비했다면 인수 후보군을 물색해 목록화해야 한다. 이 과정은 꽤 많은 조사가 필요한데 국내 4,000~5,000곳에 달하는 SI 투자자와 FI 투자자 중에 우리 회사에 관심을 보이며 딜에 참여할 만한 투자자를 추려야 하기 때문이다. SI들의 최근 관심 분야, FI들의 현금 보유량과 최근 포트폴리오 등을 깊게 조사하고 분석해야 한다.

이 과정에 회사의 강점과 약점을 적절히 녹여내야 하는데 약점은 인수 회사에서 보완할 수 있으면서도 상대방이 큰 문제로 인식하지 않으면 가장 이상적일 것이다. 물론 회사의 매력도가 크고 성장성까지 완비했다면 걱정할 필요는 없지만 실제로 그런 회사는 많지 않다. 늘 기업의 강점과 인수자의 무엇이 결에 맞을지를 진지하게 검토해야 한다. 다시 말해 상대방이 우리 회사를 인수해야 하는 '이유'가 명확해야 한다.

인수자 후보를 추릴 때는 관심 영역, 자금 여력, 투자 포트폴리오 등 종합적으로 고려해야 할 것이 많다. 당연히 여기에도 정답은 없다. 어찌 보면 딜은 그저 당사자 간의 거래일 뿐이고 정답이 없다고 보는 편이 맞다. 그럼에도 깊이 조사하다 보면 더 좋은 전략을 구상해 긍정적인 결과를 얻을 가능성이 높아질 것이다.

## 우선순위 설정과
## 태핑

후보군 목록화까지 완료했다면 이제 잠재 투자자를 대상으로 티저와 IM을 공유해야 한다. 만약 진행하고자 하는 딜이 누구나 관심을 가질 만한 회사이거나 규모가 아주 크다면 굳이 우선순위를 정해 비밀리에 진행할 필요는 없다.

딜에도 일종의 경쟁입찰 방식이 존재한다. 인수자 후보군에 입찰제안서를 보내고 딜의 진행 일정과 주요 입찰 과정을 공유하는 것이다. 이를 통해 다수의 경쟁자가 딜에 참여하는데 여기서 중요한 조건은 딜 규모가 최소 수천억 원은 되어야 한다는 것이다. 즉 딜의 규모가 커야 이러한 경쟁입찰 방식을 효과적으로 적용할 수 있다. 예외가 없지는 않지만 중소 규모의 딜은 비밀리에 진행하고 대규모 딜은 이같이 공개적으로 진행하는 편이다.

이유는 간단하다. SI든 FI든 잠재 인수자 역시 딜에 참여할 때 자신의 자원과 가능성을 고려할 수밖에 없는데 규모가 작은 딜이 경쟁입찰 방식으로 진행되면 굳이 딜에 참여했다가 시간과 에너지를 허비할 수 있기 때문이다. 딜에 참여하는 방식이 아주 간단하면 상관없지만 보통 대규모 딜의 입찰경쟁 방식은 예비 실사 과정을 통해 인수 구조와 가격까지 산정해 제출해야 하며 이 과정에서 많은 전문가가 투입된다.

그래서 중소 규모의 딜은 보통 소수의 잠재 투자자를 대상으로 진행된다. 잠재 인수자 목록 중에 우선순위를 정하고 그에 따라 티저와 IM을 공유하는 방식이다. 이 과정도 시간이 꽤 많이 걸린다. 잠재 투자자마다 두세 차례 미팅을 충분히 진행해야 하기 때문이다. 이 과정에서 인수를 끝까지 진행할 가능성이 높은 잠재 인수자를 잘 선택해야 한다.

어쨌든 목록의 우선순위를 정하면 해당 SI와 FI의 접점을 확보해 이메일로 티저를 공유하게 된다. 딜에 어느 정도 관심이 있는 투자자들은 추가로 문의를 하거나 IM을 요청한다.


## 애프터 신청이
## 있는가?


우리 회사 사람들끼리 종종 농담 삼아 하는 이야기지만 딜 시장은 결혼정보시장과 비슷하다. 티저를 보내고 간단한 질의 과정을 거친 후에도 잠재 인수자의 관심이 지속되는지가 중요한데, 소개팅 이후 애프터 신청이 있는지와 같은 논리라고 보면 된다. 수준 높은 비유는 아니지만 이만한 비유도 없다고 본다.

몇몇 잠재 인수자에게 티저를 전달하면 상대방의 딜에 대한 관심도, 타이밍, 상황, 의지 등에 따라 다양한 피드백이 온다. 아주 인기 많은 딜이 간혹 있지만 이는 시장 상황도 좋아야 가능하고 보통은 잠재 인수자의 가벼운 질의로 딜이 전개되는 편이다. 이후부터 잠재 인수자들과 미팅을 진행한다. 비밀유지협약을 하고 IM까지 공유하면 상대방에게 상당히 많은 정보를 공유해야 하므로 진정성 있는 태도로 임해야 한다.

투자 의사가 명확한 인수자는 자연스레 많은 것을 물어본다. 따라서 매도자 입장에서는 상대방의 의사를 먼저 물어볼 필요는 없다. 어차피 인수나 투자는 한 건이 성사되면 끝나는 거래이므로 인수 의지가 뚜렷한 상대방과 의미 있는 대화를 이어나가는 것이 중요하다. 즉 끝까지 가지 않을 가능성이 높은 인수자 후보에게 시간과 에너지를 많이 뺏기지 않으면서도 서로의 관심도를 확인하며 딜을 진행해가야 한다. 애프터 신청이 있다면 다양한 이해관계를 검토하며 딜을 진행하면 되고, 애프터 신청이 없다면 과감하게 다른 잠재 투자자와 이야기를 이어가면 된다.


## 경영의 근간을
## 지키는 것

보통 관심 있는 잠재 인수자가 등장하면 경영자 입장에서는 경영보다는 딜에 더 많은 관심을 두게 되는데 이 점을 특히 주의해야 한다. 딜 논의가 본격적으로 진행될수록 경영자는 회사 경영을 더 면밀하게 신경 쓰는 것이 좋다. 즉 회사가 성장하고 있다면 그 속도가 빨라지도록 힘쓰고 현재 상황을 유지하거나 하락하는 추세라면 경영 효율화를 빠르게 진행하면서 잠재 투자자에게 대응할 수 있어야 한다.

기대감을 억지로 지어내거나 거짓된 지표로 포장할 수는 없다. 어차피 실사 과정에서 모두 적발될 가능성이 높고 그러면 시간과 에너지를 낭비한 채로 딜이 깨지고 만다. 따라서 경영자는 어느 정도 딜이 진행되면 더더욱 경영에 힘써야 한다. 평상시 잘했던 영역은 더 잘해야 하고, 평상시 약했던 영역은 더욱 신경 써서 보완해야 한다. 설사 딜이 잘되지 않더라도 회사에 아무런 피해도 생기지 않도록 집중하며 기존처럼 경영을 이어가면 된다.

계속해서 강조하지만 딜은 언제 어떻게 될지 아무도 모르는 거래다. 이 점을 항상 염두에 두어야 한다.

## 딜 구조와 밸류에이션 논의

인수를 희망하는 잠재 인수자가 얼마나 많은지에 따라 다르겠지만 일정 수준이 지나면 조금 더 구체적인 딜 방식과 밸류에이션을 논의하게 된다. 누구의 구주를 얼마나 인수할지, 신주 유상증자가 얼마나 필요한지, 밸류에이션을 각각 어떻게 결정할지 등 딜에 가장 중요한 핵심 요건들이다. 이 과정 없이 딜을 진행하면 이후에 협상이 진전되지 않아 딜이 무산될 가능성이 커진다. 또한 되도록 주요 요건들을 문서로 정리해두는 것이 좋다.

이 과정에서 주고받는 서류로는 LOI$^{\text{Letter Of Intent}}$(의향서), MOU$^{\text{Memorandum Of Understanding}}$(양해각서), 텀시트$^{\text{term sheet}}$(주요 거래 조건에 대한 합의서) 등이 있는데 엄밀히 따지면 법적효력은 없다. 이 서류들은 실사와 최종 협상 과정을 조금 더 매끄럽게 진행하기 위한 중간 과정으로 생각하면 된다. 물론 경우에 따라 일정 수준의 책임 범위를 문서화해 규정하는 경우도 있으므로 상황에 맞게 대처하는 것이 중요하다.


## 본질을 검토하기 위한
## 실사


"딜이 호락호락하게 끝나는 경우는 없습니다." 내가 경영진들에게 자주 하는 이야기다. 돈이 한두 푼 들어가는 거래가 아닌 만큼 딜을 진행하면 인수자나 투자자는 회사를 낱낱이 살펴볼 수밖에 없다.

그래서 실사라는 과정이 존재한다. 실사는 주체와 딜 규모에 따라 검토하는 깊이가 다르지만 추구하는 본질은 같다. 바로 '예상 가능한 위험을 사전에 발견해 이를 거래에 반영하는 것'이다.

매도자 입장에서 거치게 되는 실사 과정을 순서대로 정리해보자. 우선 매각을 주관할 매각 주관사의 실사부터 진행되는 편이다. 앞서 이야기한 내용과 결이 비슷한데 매각 주관사는 매도자와 마찬가지로 긴 여정을 같이해야 하는 만큼 그들 입장에서도 회사 매출과 직결되는 딜의 성패가 아주 중요하다.

비단 매출 문제만은 아니다. 매각 주관사는 다양한 잠재 인수자와 인맥을 유지하며 딜을 진행하는데 만약 위험성이 큰 회사를 딜 시장에 등장시켰다는 사실이 알려지면 평판에 문제가 생길 수 있다. 그래서 매각 주관사는 예비 실사를 통해 잠재 위험을 파악하고 회사의 강점과 내러티브를 토대로 딜 전략을 구상한다.

다음은 인수를 희망하는 잠재 인수자의 약식 실사다. 굳이 약식실사라고 표현하는 이유는 뒤에 이어지는 외부 전문기관들의 본격적인 실사에 비해서는 요구하는 자료나 정보가 제한적이기 때문이다. 이 약식 실사에서는 투자를 집행할 SI와 FI들이 경영진과의 인터뷰를 통해 기업의 잠재 위험을 파악하고 이를 내부 투자 심의 과정에 활용한다. 약식이라고 표현했지만 투자를 집행할 의사결정권자가 직접 수행하는 실사이므로 딜 전반에서 가장 중요한 실사라고도 볼 수 있다. 통상 이 과정에 굳이 실사라는 단어까지 사용하지 않지만 어쨌든 본질은 실사와 동일하다.

마지막으로, 잠재 인수자의 요청으로 제3자 전문가 그룹의 본 실사가 이어진다. 곧 자세하게 설명할 실사가 바로 이 본 실사이며 보통 재무실사$^{FDD}$(밸류에이션), 세무실사$^{TDD}$, 법률실사$^{LDD}$, 전략·영업실사$^{CDD}$ 등 네 가지의 실사가 진행된다. 검토 범위가 넓고 일정도 가장 길다. 본 실사는 외부 전문가들이 진행하기 때문에 요청하는 자료와 질문 양이 압도적으로 많다. 이 실사를 통해 딜의 계약서 조건들이 하나하나 형성된다고 생각하면 된다. 물론 큰 위험이 발견되면 어쩔 수 없이 딜이 무산되기도 하지만 본 실사의 기본 목적은 딜을 깨는 것이 아니라 딜의 계약 조건을 협상하는 것이다.

실사에 대응하다 보면 요청하는 자료 양이 많고 또 세부적인 것까지 요청해서 경영진이 당황하곤 한다. 또한 실사에서 발견된 문제를 논의하는 것까지 고려하면 한두 달 넘게 걸리는 경우가 많아서 많은 경영진이 이 단계를 힘들어한다. 그러나 딜은 모두가 잘 되는 것이 목표인 거래다. 실사에 대응하고 인터뷰하는 과정에 서로 감정이 상하거나 신뢰가 깨지지 않도록 주의하는 것이 중요하다. 물론 실무자나 자문사 입장에서는 자료 제공 시기와 방식 그리고 설명 방식 등 세세한 부분까지 고민하지만 이는 너무 실무적인 요소라 여기서는 생략하겠다.

## 협상과 계약서

실사까지 큰 문제 없이 마무리했다면 8부 능선쯤에 왔다고 보면 된다. 이제부터 본격적인 딜 조건에 대한 몇 가지 세부 협상에 들어간다. 특히 가장 중요한 밸류에이션을 구체적으로 이야기하게 되는데 실사에서 특이사항이 없었다면 밸류에이션도 유사한 선에서 협의하게 된다. 이 타이밍에 별다른 명분 없이 가격을 조정하면 신뢰감을 잃을 수 있으니 적어도 가격에 대해서는 일관된 합의점을 찾아가는 것이 좋다.

첫째, 구주와 신주의 거래 규모와 딜 구조를 협의한다. 밸류에이션을 앞서 정했기 때문에 각각 어느 금액으로 거래할지 최종적으로 논의하는 것이다. 경우에 따라 구주와 신주 밸류에이션이 조금 달라지기도 한다. 보통 신주 밸류에이션이 구주 밸류에이션보다 높아진다. 신주는 회사로 현금이 유입되어 성장자본으로 사용되지만 구주 인수금액은 회사의 밸류에이션 창출에 기여하지 않고 기존 주주에게 현금으로 유입되어 그들의 재산이 되기 때문이다.

둘째, 딜 종결을 위해 꼭 필요한 선행 조건을 협의한다. 실사 과정에서 발견된 사소한 문제나 인수자 입장에서 불필요하거나 해결해야 할 점들을 해소해야 딜을 종결할 수 있다고 조건을 다는 것이라고 보면 된다. 선행 조건이 매우 치명적이면 딜 브레이커가 되기도 하지만 일반적으로는 딜을 종결하기 위해 정리해야 하는 소소한 내용들이다. 예를 들어 대표이사 개인 사택으로 사용 중이던 부동산을 정리하거나 회수가 지연된 채권에 대한 회수 스케줄 확인, 이사회 구성 변경 등이다.

셋째, 인사 이후 의사결정 방식도 협상한다. 인수 이후 이사회 구성 방식, 주주총회 안건 등을 세부적으로 논의하는데 결국 인수 이후 중요한 의사결정을 누가 어떻게 할지 결정하는 과정이라고 생각하면 된다. 또한 특정 금액 이상의 지출이 있을 시 사전 동의를 구해야 한다거나 주기적으로 이사회에 무엇을 보고해야 한다는 등 딜 이후의 경영 체계도 협의한다.

넷째, 다양한 풋옵션과 콜옵션 등 세부 요건을 논의한다. 워낙 사례가 다양해서 일률적으로 설명하기는 어렵지만 각 주주들의 권한을 정리하는 작업이라고 보면 된다. 인수자와 매도자 모두 권한을 주장할 권리가 있다. 예를 들어 인수자 입장에서는 "이런 조건이 되면 내가 당신들의 잔여 주식을 얼마에 살 수 있는 권한을 제공해라(콜옵션)" "이런 조건을 달성하지 못하면 내 주식을 경영진이 다시 얼마의 금액으로 사가야 한다(풋옵션)" 등을 주장할 수 있고, 매도자 입장에서는 "이런 조건이 달성되면 내 잔여 주식을 얼마의 금액으로 사가야 한다(풋옵션)" "이런 조건이 되면 내가 우리 회사 주식을 다시 얼마에 살 수 있는 권한을 제공해라(콜옵션)" 등을 주장할 수 있다. 이 부분은 논의하는 범위가 워낙 넓고 각 옵션을 행사하는 조건을 결정하는 것도 굉장히 난해하다. 또한 경우에 따라 옵션을 행사하는 조건 자체가 변동되는 사례도 있다. 따라서 여기서는 이 정도로 간단하게 이해하면 된다.

다섯째, 매각대금 지급 방식과 추가 조건에 대해 협상한다. 통상 현금으로 매각대금을 치른다면 잔금까지 모두 받은 후에 주주 명부를 변경하는데(즉 소유권이 완전히 변경된다) 이렇게 간단하게 끝나지 않을 때도 많다. 예를 들어 매각대금 중 일정 금액은 에스크로escrow 계좌에 설정해 특정 요건이 만족될 때만 인출할 수 있게 계약하는 경우도 있고, 언아웃earnout 조건을 걸어서 매각 이후 회사의 경영실적에 따라 매각대금을 조정하는 경우도 있다. 이 역시 정답이 없는 영역이므로 적절한 협상을 통해 딜을 진행하면 된다.

여섯째, 경영진이 계속 경영할 경우에 근속 기간과 업무 참여 방식 등을 결정한다. 즉 잔류하는 경영진의 보상 체계를 깊이 논의하는 것이다. 또한 경영진이 퇴사하는 경우에는 유사 업계의 사업에 참여하거나 경쟁사에 취업할 수 없는 기간을 설정하는 등 향후 거취를 두고 다양한 조건을 협의하게 된다. 엑시트를 하더라도 사업을 새로 하는 경우가 많기 때문에 이 점도 중요하게 다루어야 한다.

마지막으로, 앞서 소개한 것 외의 계약서 주요 사항들을 논의하면서 주식양도계약서, 주주간계약서, 신주발행계약서를 작성하게 된다. 딜에 따라 천차만별이지만 세 계약서는 분량이 수백 장에 달할 정도로 딜 과정에서 가장 중요한 서류라 할 수 있다. 이 과정은 자문사를 선정해 함께 진행하는 편이 좋다. 계약서에 많은 함정과 갈등 요소가 있을 수 있고 한번 날인된 계약서는 되돌리기 어려우므로 날인하기 전에 법률수수료가 들더라도 로펌을 통해 꼼꼼히 점검하도록 하자.

'무게중심이 나에게 있다'는 확신이 있다면 더 많은 조건을 얻어내면 좋을 것이다. 하지만 딜 협상은 방법도 우위도 무척 다양하며, 결말이 좋으려면 최종 협상에서 양측 당사자가 가장 중요시하는 것을 각자 얻을 수 있도록 노력해야 한다.


## 아름다운 마무리, 딜 종결

중요한 내용과 조건에 대한 협상이 끝났다면 딜 종결까지 잘 마무리하면 된다. 실제 계약한 현금과 주식 등이 모두 완전히 이전되면 딜은 종결된다. 대규모 자금이 오가는 거래인 만큼 언제나 변수가 발생할 수 있다는 점을 명심하자.

앞서 살펴본 대로 어떤 인수자가 딜에 참여하는지에 따라 딜의 흐름이 달라질 수밖에 없다. FI는 투자 심의 절차가 대체로 유사한 편이지만 SI는 일반 기업이라 정해진 절차가 없을 수도 있고 규모나 특징에 따라 아주 길고 지루한 과정을 거쳐야 할 수도 있다. 그러나 SI의 주요 의사결정권자가 강한 의지로 빠르게 진행하면 딜이 순식간에 마무리될 때도 있다. 즉 정답은 없지만 한 가지 확실한 것은 '쉬운 딜 종결은 없다'는 점이다.

이해관계자의 선택에 따라 종결된 딜이 언론에 공개되기도 하고 비공개로 마무리되기도 한다. 공개되는 순간 많은 관계자에게 축하와 응원을 받으며 딜이 최종 종료된다.

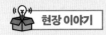
**현장 이야기**

딜 전체 과정에 얼마나 많은 일이 있었는지 상세하게 밝히지 못하는 점은 양해해주길 바란다. 워낙 보안이 중요하고(종결된 딜도 마찬가지) 개인적인 문제도 많아서 책에서 언급하는 데 한계가 있다.

이 책을 통해 통상적인 딜 진행 절차를 알아두면 언젠가 딜을 진행할 때 도움이 될 것이다. 수천억 원 규모의 M&A는 앞서 설명한 내용과 조금씩 다를 수 있다. 이 책은 중소기업과 스타트업 위주의 소규모 딜을 소개하는 것이 주된 목적이므로 이에 맞게 해석하길 바란다.

# 티저와
# IM 작성 노하우

본격적으로 티저와 IM의 상세 내용을 살펴보자. 티저와 IM에 무엇이 포함되고 좋은 티저와 IM은 어떤 요소를 갖추어야 하는지 확인해야 한다.

## 좋은 예고편으로
## 관객을 모으려면

티저에 내용을 얼마나 담을지에 정답은 없다. 극단적으로 한 줄의 티저도 가능하고(물론 실제로 이렇게 티저를 배포하는 경우는 없다)

20장짜리 문서가 될 수도 있다. 예를 들어 '전기자동차 배터리 제조의 숨어 있는 강소기업 매각 딜'이라는 한 줄 티저만 있어도 많은 잠재 인수자가 관심을 보이며 IM이나 추가 검토 자료를 요청할 것이다. 다만 티저의 목적을 소개하기 위한 극단적인 예시일 뿐이니 티저에 포함되어야 하는 기본 요소들을 각각 살펴보자.

## 딜의 배경, 구조, 일정

모든 잠재 인수자가 가장 먼저 물어보는 것이 딜의 배경, 구조, 일정이다. 즉 잠재 투자자들이 투자를 검토할 때 첫 허들이 된다. 따라서 티저에는 매각하거나 투자를 받으려는 이유를 명쾌하고 직관적으로 담아야 한다. 또한 어느 정도의 지분을 어떻게 매각하거나 투자받으려고 하는지 등 딜의 전반적인 구조와 어떤 일정으로 딜을 진행할 계획인지 목표 일정도 티저에 포함한다.

## 희망 밸류에이션

딜에 따라 희망 밸류에이션을 작성하기도 하고 그렇지 않기도 한다. 이는 딜을 전반적으로 어떻게 이끌고 갈지 전략에 따라 결정된다. 의미 있는 인수 후보군과 논의를 빠르게 진행하려면 아무래도 밸류에이션을 명시하는 편이 좋고 조금 긴 호흡으로 적절한 파트너가 정해지면 그때 밸류에이션을 협의하겠다는 전략이면 명시하지 않기도 한다. 후자는 결국 시장의 평가를 받아 딜을 진행하겠다는 의미가 된다. 밸류에이션을 어떻게 결정할지부터 잠재 인수자와 논의하는 방식이라고 볼 수 있다. 전략 방향과 무관하게 보안 이슈로 가격을 포기하지 않는 경우도 많으므로 상황에 맞게 적절한 방식을 선택하면 된다.

## 경영실적 요약

과거 재무제표 및 현재와 가까운 미래에 대한 추정 재무제표를 기입한다. 숫자는 딜 세계의 언어이고, 다양한 숫자 중에서도 가장 중요한 것이 재무제표다. 과거 실적의 추세부터 미래 예상치까지 경영실적을 적절한 방식으로 요약해 공개하면 된다.

## 대상 회사 및 산업 개요

말 그대로 회사와 산업에 대한 기본 개요다. 물론 보안이 중요하므로 회사명을 공개하지 않은 상태에서 간략한 연혁, 소재지, 주요 산업 구조, 사업 모델 등을 요약해 제공하면 된다. 산업에 대해서는 자세한 정보까지 작성하진 않지만 대상 회사가 어떤 산업에 산업에 속하는지와 해당 산업의 성장성 및 투자 포인트를 간략하게 포함하는 경우가 많다.

## 핵심 투자 정보 요약

핵심 투자 요소는 가장 중요한 항목이다. 특정 잠재 인수자에게만 해당되는 맞춤 콘텐츠로 구성하는 방법도 있고 일반적인 회사 강점을 요약해 제공할 수도 있다. 어떤 전략으로 딜을 전개할지에 따라 핵심 투자 요소의 내용이 달라진다. 또한 회사의 강점을 잘 찾아내고, 이를 입증할 수 있는 지표나 자료들을 잘 구성하는 것이 핵심이다.

### 사업계획 및 엑시트 계획

향후 사업계획 및 엑시트 계획도 종종 티저에 포함된다. 물론 선택의 문제이기 때문에 포함하지 않는 경우도 많다. 티저의 근본적인 목적은 잠재 인수자들에 대한 관심 환기로 보아야 하고, 이에 도움이 되면서 보안에 큰 문제가 없는 정보들을 적절하게 포함하면 된다.

# 회사의 모든 것을 담아낸
# IM

IM은 미리 언급했듯이 회사의 아주 상세한 자료까지 모두 작성되어 있는 기밀문서다. 전반적인 구성은 티저와 유사하지만 티저보다 훨씬 상세한 정보가 담기기 때문에 보안에 유의해서 어떤 정보를 어떻게 정리할지 고민해야 한다.

특히 IR 자료와 IM 자료의 차이를 이해할 필요가 있다. 통상 기존 투자자나 잠재 투자자를 위해 작성하는 IR 자료에도 회사의 강점, 사업계획, 경영실적에 대한 분석이 포함되어 있다. IM도 마찬가지로 이러한 내용이 주를 이루지만 IR이 복수의 주주를 위한 자료라면 IM은 하나의 주체나 극소수의 잠재 인수자를 위한 자료라는 성격이 훨씬 강하다. 그래서 IR보다 한두 단계 더 상세한 자료까지 포함하는 경우가 많다. M&A 딜은 최대주주가 변경되는 일이 많기 때문에 제공하는 자료가 많고 깊이 있을 수밖에 없는 것이다. 그럼 하나씩 살펴보도록 하자.

## 딜의 배경, 구조, 밸류에이션

우선 딜 배경은 티저에 담기는 정보와 사실상 유사하다고 보면 된다. 더 상세하게 기술되는 부분은 희망하는 딜과 가능한 딜 구조인데 통상 'Transaction Overview'라는 소제목으로 제공한다. 또한 회사의 기존 주주 구성과 앞으로 딜을 추진하면서 이를 어떻게 변경하고 구주매각과 유상증자 등 어떤 구조를 고려하는지, 그리고 자회사 및 관계회사 등 대상 회사의 전체 구조 등을 상세하게 기술한다. 이렇게 딜 구조를 공개해야 잠재 인수자들이 자신이 생각하는 딜 구조와 얼마나 일치하며 또 어느 정도 유연하게 바꿀 수 있을지 가늠할 수 있다.

예를 들어 100% 바이아웃과 은퇴 등 확실한 엑시트를 주장하는 딜이 있는가 하면, 50% 이상의 지분을 매각해 경영권은 넘기지만 지분을 일부 남겨둔 상태로 계속 경영하려는 딜도 많다. 또한 경영권은 유지한 채 10~30%의 일부 구주매각만 희망하는 경우도 많다. 개인 의지에 따른 문제이기도 하고 회사 규모나 딜 성사 가능성을 다양하게 고려한 선택이기도 하다. 어쨌든 우리가 어떤 구조로 딜을 하고 싶은지에 대한 내용이 담겨 있어야 한다. 물론 구주 매각금액과 신주 투자금액을 정확하게 명시하면서 IM을 만드는 경우는 많지 않으며 협의 가능한 대략적인 딜 규모를 제공하는 편이다.

또한 딜 구조와 함께 희망하는 밸류에이션을 작성하는 경우도 있다. 이를 흔히 애스킹<sup>asking</sup> 밸류에이션이라고 부르는데 한마디로 경영자가 원하는 밸류에이션이 얼마냐 하는 것이다. 아무리 좋은 회사고 성장 가능성이 크더라도 현재 가격이 과도하게 비싸다면 투자자들은 망설일 수밖에 없으므로 가격은 매우 중요한 딜 정보다.

다만 회사와 주식가치라는 것이 워낙 정답이 없고 투자자 시선에 따라 밸류에이션 범위가 천차만별이다 보니 굳이 밸류에이션을 공개하지 않는 경우도 많다. 이 경우 '적절한 선에서 협의 가능하며 시장의 평가를 받겠다'라는 뜻이거나 '상대방에 따라 자사의 가치가 달라진다고 생각한다'는 뜻이라고 생각하면 된다. 후자는 M&A의 다양한 요구 중 시너지 가치를 인정받고 싶다는 의미인데, 실제로 잠재 인수자가 하고 있는 사업과 추구하는 시너지 포인트에 따라 회사의 밸류에이션을 보는 시각이 달라진다. 즉 누군가에게는 매력적이지 않은 회사가 다른 사람에게는 전혀 다른 매력으로 느껴질 수 있다.

## 산업 정보

투자자들의 눈을 가장 번뜩이게 하는 기준을 딱 하나 꼽자면 산업이라고 생각한다. 어느 투자자나 본인이 투자하고 싶은 섹터나 테마가 있다. 이유는 다양하다. 해당 분야가 유망하다고 생각했을 수도 있고, 해당 분야에 대한 전문성이 높아서 그럴 수도 있고, 다양한 시너지와 밸류에이션을 더하기 위해 해당 분야가 필요할 수도 있다. 어쨌든 산업, 섹터가 어디인지는 투자자들이 가장 중요시하는 부분이므로 이에 대한 정보도 굉장히 중요하다.

이에 따라 산업 정보에서는 대상 회사가 속해 있는 사업을 바탕으로 해당 산업의 특징과 성장성과 매력, 대상 회사가 해당 산업에서 경쟁력을 키울 수 있었던 이유, 그리고 앞으로의 성장 계획 등을 제시한다. 또한 해당 산업의 전체적인 밸류체인을 보여주면서 대상 회사가 무엇을 담당하며 앞으로 어느 쪽으로 진출할 수 있을지에 대한 정보도 제공한다. 물론 가장 좋은 것은 산업 자체가 성장하는 경우다. 산업이 성장하면 그 안에 속한 회사들도 동반 성장할 가능성이 매우 높기 때문이다. 이렇게 성장하는 산업에 속한 회사의 밸류에이션은 상대적으로 높기 마련이다.

산업 정보가 중요한 또 다른 이유는 산업을 잘 이해해야 명쾌한 성장 전략이 나올 수 있기 때문이다. 잠재 투자자의 전략은 해당 산업의 변화를 감지하고 그 속에서 기회를 찾는 것이므로 이러한 요구를 충족하고 그들의 인사이트에 도움이 될 만한 자료를 제공하면 좋다. 특히 해당 산업과 긴밀하게 연결된 섹터 중 높은 성장성이 기대되는 섹터가 있다면 이를 적절하게 제시해주는 것이 좋다. 이 경우 긴밀하게 연결된 섹터에 대해 전문성을 가진 경영자나 잠재 인수자가 있으면 효과가 더욱 커진다.

또한 산업 정보를 기재하면서 대상 회사와 동일한 섹터에 속한 비교 대상 경쟁자들의 특징도 정리한다. 이는 경쟁사에 비해 어떤 강점이 있는지 설득하는 용도가 되기도 하고 경쟁사와 대상 회사 모두 성장성이 기대되는 섹터로서 최근 투자시장 자금이 많이 유입되고 있다는 점을 어필해 딜 투자의 당위성과 흐름을 전반적으로 보여줄 수 있다. 어쨌든 중요한 것은 투자자들은 절대 회사 하나만 보고 투자하지 않는다는 것이다. 결국 그 회사가 어떤 산업에 속해 있느냐가 아주 중요한 투자 포인트가 된다고 생각하고 IM을 만들어야 한다.

## 대상 회사에 대한 상세 정보

말 그대로 회사의 다양한 요소를 보여주는 부분이다. 몇 가지 종류를 예시로 들자면 다음과 같다.

1. 주요 주주와 경영진, 조직도, 계열사, 공장 등 생산설비 상세 내용
2. 다양한 관점에서의 역사적 재무제표 및 경영실적 지표들(재무상태표, 손익계산서, 현금흐름표 등)
3. 주요 제품 및 서비스, 제품별·브랜드별·채널별·지역별 등 아

주 상세하게 구분된 매출 자료

4. 다양한 요소별로 계산한 회사의 성장성·안정성 관련 지표
5. 재고자산 및 제품별 단가 구조, 생산원가 및 판매관리비 상세 내역, 연별·월별 매출과 비용 추세, 고정비 및 변동비 구성과 변동 흐름, 거래처별 매출·매입 내역, 주요 거래처에 대한 계약 조건 및 채권채무 회수 기간
6. 회사의 전반적인 시스템과 내부 통제 요소, 보유 자산의 특징 및 자산성, 원재료 매입부터 판매·관리까지 전반적인 과정과 관리 체계
7. 회사의 실적과 직접적으로 연동되는 요인과 흐름 현황


이 외에도 여러 정보를 보여주므로 사실상 회사와 관련된 거의 모든 정보라고 할 수 있다. 물론 이것들을 의무적으로 모두 공개해야 하는 것은 아니다. IM의 목적은 잠재 인수자에게 정보를 제공하며 딜을 종결하기 위함이고 IM이 아무리 자세히 기재되어 있더라도 실사 없이 딜이 종결되는 경우는 없다. 심지어 10억 원이 안 되는 딜도 간략한 실사를 수행하면서 딜을 진행한다. 그래서 IM에 무엇을 얼마큼 공개할지도 매도자와 자문사가 협의해 결정하면 된다. 물론 잠재 인수자는 실사 이전에 최대한 많은 정보를 확인하고 싶어 하므로 적절한 선을 유지하며 자료를 만드는 것이 중요하다.

특히 회사의 존폐에 큰 영향을 끼칠 만한 기밀 사항들은 보안

에 각별히 유의해야 한다. 아무리 비밀유지협약을 했더라도 시장에 이런저런 방식으로 IM이 돌아다닐 수 있기 때문이다. 그때 가서 최초로 정보를 유출한 곳을 찾는 것은 매우 어렵기 때문에 처음부터 적절한 선을 잘 유지하며 자료를 만드는 것이 중요하다.

대상 회사에 대한 상세 정보의 핵심은 '브레이크 다운break down'이다. 잠재 투자자 모두 더욱더 깊고 자세한 정보를 찾으려 하기 때문이다. 매출이 100억 원인 회사를 예시로 들었을 때 다양한 수준으로 구분해 분석할 수 있어야 한다. 제품과 서비스에서 매출 비율이 어떻게 나뉘고, 자사 브랜드별 매출 분포가 어떠한지 알아야 한다.

대기업 수준의 시스템이 있다면 이 같은 브레이크 다운 정보를 관리하는 것이 크게 어렵지 않겠지만 대부분의 중소기업들은 이러한 자료가 관리되지 않고 있다. 이런 정보를 관리하지 못하면 어떤 단점이 있을까?

우선 회사의 관리 시스템 미비가 자랑할 것은 아니므로 잠재 인수자에게 밸류에이션을 깎을 여지를 줄 수 있다. 중소기업이기 때문에 현실적으로는 이 정도로 관리하기 어렵겠지만 그렇다고 해서 상대방이 이를 납득하면서 점수를 더 주지는 않는다.

반면 상세하게 구분된 자료가 있다면 회사의 진짜 강점이 어디에 있는지 명쾌하게 발견할 수 있다. 예를 들어 회사의 전체 매출은 감소하고 있으나 성장성이 아주 두드러진 영역의 제품 매출이 오히려 증가하고 있다면 이 회사의 진짜 매력은 전체 매출에 있지 않다. 그래서 일단 매출과 매입, 비용 정보는 자세할수록 좋다. 물론 중소기업 입장에서 이를 관리하는 게 무척 고통스럽겠지만 그럼에도 관리하는 것이 좋다.

이런 자료는 꼭 딜을 하지 않더라도 경영 관리 차원에서 무조건 필요하다. 측정되지 않는 것은 관리되지 않는다는 피터 드러커$^{Peter Drucker}$의 이야기를 명심하자. 외부의 회계 기장을 통한 재무제표 관리에 그치지 말고 회사 내부적으로 상세한 정보를 다양한 기준에 따라 관리할 수 있어야 한다. 만약 그렇지 못하면 우선 IM을 제대로 만들지 못하겠지만 그보다 더 큰 위험은 실사 단계에 진입하면서 발생한다. 실사 중 가장 많은 인원이 투입되고 일정도 가장 긴 것이 재무실사인데 여기서 요구하는 거의 모든 정보의 핵심은 브레이크 다운이다. 따라서 실사에 적절하게 대응하기 위해서라도 일정 수준 이상으로 정보를 관리해야 한다.

## 사업 전략 및 현금흐름 전망치

회사의 주인이 바뀐다고 회사가 멈추는 것이 아니다. 오히려 그럴수록 회사의 성장 계획 및 전략을 제안하고 그에 따른 현금흐름 전망치까지 같이 제공하면 더 좋다. 회사를 계속 경영하던 경영자만큼 회사를 잘 이해하고 있는 사람은 없을 것이다. 그렇기 때문에 경영자와 자문사가 논의해 제안하는 회사의 성장 전략은 잠재 인수자라면 궁금해할 수밖에 없다. 물론 잠재 인수자마다 나름의 전략이 있을 테니 IM에 사업 전략을 적는다 해서 그대로 따르지는 않는다. 그럼에도 IM에 최선의 사업 전략과 현금흐름 전망치를 제공하는 것이 더 좋다.

만약 IM에 작성한 사업계획이나 전략에 진정성이 없거나 너무 뻔하다면(또는 너무 어려운 것을 아주 쉽게 가능하다는 식으로 작성한다면) 잠재 인수자에게 회사의 매력이 반감될 수 있다. 따라서 엑시트 이후에도 경영권을 가지든 그렇지 않든 회사를 가장 잘 알고 있는 경영자의 시선으로 미래 전략을 뾰족하고 진정성 있게 작성해야 한다. 회사의 강점을 명확하게 드러낸다면 인수 가능성도 높아질 것이다.

또한 사업 전략이나 현금 예산을 허황되게 작성하지 않도록 주의해야 한다. 앞서 설명한 대로 IM에 작성된 내용과 전략들, 현금흐름 목표치 등은 추후 계약서 내용을 협의할 때 상대방의 협상 근거가 되기 때문이다. "이렇게 만들 수 있다고 주장하셨으니 이 정도는 달성해야 우리도 딜을 할 수 있다"라고 주장하는 것인데, 매도자가 전달한 자료를 바탕으로 한 주장이므로 이를 반박하면 자가당착에 빠지게 된다. 흔한 경우는 아니지만 IM의 추정치가 훗날 급격하게 틀어지면 인수자 측에서 이를 근거로 소송을 벌일 수도 있으니 명심하도록 하자.

## 밸류에이션 및 엑시트 전략

딜 구조, 산업 및 회사 정보, 강점과 전략까지 모두 공개했다면 최종적으로 밸류에이션과 엑시트 전략도 제안하는 것이 좋다. 우리가 왜 이러한 밸류에이션을 주장하는지 그에 대한 근거를 제공함으로써 잠재 인수자들의 합리적인 의사결정을 돕고 차후 엑시트 전략까지 구상할 수 있다. 즉 왜 이 딜에 참여해야 하는지에 대한 조금 더 탄탄한 근거를 제공한다고 보면 된다.

물론 밸류에이션이든 매도자의 엑시트 전략이든 모두 잠재 인수자가 알아서 훨씬 더 상세하게 검토한다. IM에 이를 작성하는 것은 우리의 주장 근거를 제공하면서 상대방의 검토를 지원해주기 위함이다. 잠재 인수자는 본 실사와 더불어 대부분 밸류에이션 용역까지 의뢰하는데, 이 경우 우리가 제안한 밸류에이션 근거와 상대방의 근거를 비교하며 밸류에이션에 대해 협상할 수도 있으므로 미리 참고하면 좋다.

 **현장 이야기**

과연 티저나 IM 같은 문서가 실제 딜의 성패에 얼마나 많은 영향을 미칠까 하고 의문이 든 적이 있었다. 어차피 성사될 딜이라면 한 장의 문서로도 충분하지 않을까 싶었기 때문이다.

결론부터 이야기하자면, 끝내 성사될 딜이라면 한 장의 문서로 시작해도 충분했다. 물론 이후에 많은 문서를 준비하고 제공해야 하므로 티저나 IM에 들어가는 자료들은 언젠가 필요하다.

티저나 IM을 왜 잘 만들어야 하는지는 반대 관점으로 생각하면 쉽게 풀리는데, 좋은 회사라도 티저나 IM에 설득력이 없으면 딜 시장에서 외면받기 때문이다. 따라서 한 장으로 만들어도 아주 '잘' 만들어야 하는 것이지 그렇지 않으면 10장이든 100장이든 소용없다.

티저나 IM에는 기존 회사의 강점을 작성하는 것도 중요하지만 회사의 미래가 기대되는 근거와 계획도 면밀하게 작성되어야 하는데 나는 이 점이 결국 매도자와 인수자가 인수인계를 원활하게 하는 데 도움이 된다고 생각한다. 인수인계가 얼마나 매력적이고 객관적이고 능동적이냐에 따라 딜의 성사 가능성이 급격하게 달라진다는 것은 너무 당연한 이야기가 아닐까? 물론 회사가 보유한 강점이 간단하고 명확하다면 인수자 쪽에서 사업계획을 더욱 적극적으로 설정하기도 한다. 어쨌든 누군가 한쪽이 미래를 이끌어갈 동력을 제공해야 한다는 것이 중요하고 티저나 IM은 그러한 동력의 기초 자원이 되어야 한다.

인수 후 최종 사업계획은 티저나 IM을 작성하는 회사나 자문사 단독의 의사로는 완성될 수 없다. 결국 매도자와 인수자의 이해가 맞아야 하므로 각자의 배려와 신뢰가 더더욱 중요하다.

# 실사에서 필요한
# 역지사지의 자세

어떻게 보면 본격적인 딜은 실사부터 시작일 수 있다. 잠재 인수자가 적어도 수천만 원, 많게는 수억 원을 들여 전문가들을 고용하는 순간부터 인수자나 매도자 모두 본격적인 딜에 돌입하는 것이다.

혹자는 실사 단계에 다다르면 딜이 성공 궤도에 올랐다고 이야기하지만 나는 경영자에게 절대 이 말에 현혹되지 말라고 조언한다. 오히려 실사부터가 진짜다. 상대방 입장에서 생각해보자. 상대방은 이 딜을 위해 이미 많은 기회비용과 자원을 활용했고 앞으로도 최대 수천억 원을 쓸 준비가 된 사람들이다. 만약 내가 상대방이라면 딜을 호락호락하게 마무리할 수 있을까?

실사 범위나 기간 등은 딜의 성격에 따라 조금씩 다르다. 특히 매도자가 우위에 있는 딜이라면 줄다리기를 하며 최대한 빠른 실사를 종용할 수 있고, 그렇지 않은 딜이라면 어쨌든 실사는 볼 만큼 다 보고자 하는 게 기본 방향인 만큼 생각보다 길게 늘어질 수 있다.

딜 규모에 따라 소요 기간은 각양각색이지만 통상 짧게는 2주, 길게는 2~3개월 정도 걸리는 편이다. 특히 재무실사, 세무실사, 법률실사, 전략실사까지 모두 진행한다면 다양한 이유로 실사 기간이 늘어질 수 있으므로 사전에 명확한 기준과 스케줄을 조율해야 한다.

M&A 실사를 한번 받아본 대표들은 고개를 절레절레 흔드는 경우가 많다. M&A 실사는 투자유치 실사와 조금 다른데, 투자유치는 기본적으로 소액 주주로서 회사의 미래와 경영자를 신뢰해 자본을 투하하는 거래인 데 반해 M&A는 최대주주가 달라지며 경영권 자체가 변경되는 거래이기 때문이다.

따라서 실사의 깊이도 당연히 다르다. 굳이 비유하자면 잠시 거주할 월세방을 구하는 것과 수년을 거주할 집을 사는 것의 의사결정 차이로 보면 될 것 같다. 어쨌든 실사가 얼마나 고통스러운지는 상대방 전문가들이 요청하는 자료 목록들을 보면 바로 체감할 수 있다.

# 대표적인 실사, 재무실사

네 가지 주요 실사 중 가장 대표적인 실사이자 가장 중요한 실사다. 회사가 제공한 IM 속의 수치들이 얼마나 믿을 만한지 직접 살펴보는 절차인데 주로 회계법인이나 딜 자문사에서 많이 수행한다. 무엇을 어떻게 확인하는지 살펴보자.

## 적절한 조정

재무제표의 작성 목적과 규정은 생각보다 다양하다. 우선 세금 납부를 위해 세무당국에 매년 재무제표를 신고해야 하고 경영자의 회사 관리와 경영을 위해서도 재무제표가 활용되며 주주와 채권자의 요구에 따라 재무제표를 작성해 제공하는 경우도 많다. 특히 주주와 채권자의 요구에 따라 회계감사까지 수검하는 경우도 있다. 딜에서도 당연히 재무제표를 근간으로 다양한 협의를 하지만 딜의 특성에 따라 몇 가지 조정을 하게 된다.

딜은 기업의 실질적인 가치를 찾아가는 과정이 굉장히 중요하기 때문에 통상 조정 과정을 거치게 된다. 예를 들어 회사의 공시된 영업이익은 40억 원인데 이 중 경영자 인건비가 연간 10억 원이라고 가정하자. 실제로 현금흐름이 좋은 기업 경영자 중에 본인 인건비를 굉장히 높게 책정하는 경우가 종종 있다. 주주도 본인이나 가족밖에 없기 때문에 고액 연봉이라도 법적 문제가 없다. 그러나 딜 이후에 교체될 경영자의 합리적인 인건비가 2억 원이라면 회사는 주인이 바뀌자마자 8억 원의 추가 이익이 생긴다. 이 경우에는 기존의 고액 인건비로 차감된 영업이익을 상향해 딜에 참여하게 된다. 다만 매도자가 제안한 조정 내역을 잠재 인수자가 그대로 받아들이지는 않으므로 인수 실사단 측에서 이러한 조정 내역이 합리적인지 검토하게 된다.

또한 재무실사에서는 경영자의 과대한 인건비와 더불어 경영진 가족의 인건비와 사무적 성격의 비용, 일회성으로 발생한 수익과 비용 등 재무제표에 제대로 반영되지 않은 추가 비용이나 부채 효과 등을 조정하게 된다. 아무래도 매도자 입장에서는 영업이익을 증가시키는 조정을 주장하고 인수자 입장에서는 영업이익을 감소시키는 조정을 주장하게 되는데 적절한 협의점을 찾아가야 한다.

반대로 수익을 차감하는 경우도 있다. 예를 들어 한 회사의 영업이익이 100억 원이었는데 아주 특수한 거래 한 건의 큰 마진 효과가 30억 원이었고, 이 거래가 다시 발생할 가능성이 현저히 낮다면 인수자 측에서는 이런 수익 요소는 차감해서 조정된 영업이익인 70억 원으로 협상에 임하려 할 것이다. 이같이 조정은 주관적인 면이 없지 않으므로 거래 당사자들과 자문사가 적절히 협의하는 과정이 꼭 필요하다.

실사단은 회사와 자문사에서 제안한 조정 항목이 얼마나 타당하고 합리적인지 객관적으로 검토하는데 이를 위해서는 회사의 단순한 수익비용 외에도 시장의 평균 수치와 산업 수치도 적절하게 참고해야 한다. 어쨌든 회사는 티저와 IM 작성 단계부터 조정 항목을 공개하며 딜에 참여하는 경우가 많기 때문에 경영자는 이러한 요소가 딜에 영향을 미친다는 점을 인지해야 한다.

## 영업자산과 비영업자산

재무상태표는 자산, 부채 및 그 차액인 자본으로 구성되어 있다. 재무실사에서는 실사기준일자로 회사가 보유하고 있는 자산과 부채를 모두 실사한다. 그중 어떤 것들을 집중적으로 살펴보는지 확인해보자.

우선 딜 관점의 실사는 대부분 회사의 자산과 부채를 영업자산과 비영업자산으로 구분하는 것부터 시작된다. 보통 재무제표는 유동과 비유동 기준으로 구분해서 작성하는데 기업가치와 회사의 실질적인 주식가치를 평가하는 것이 딜에서는 가장 중요하기 때문에 회사가 보유 중인 자산과 부채도 본질적인 영업 및 사업과의 관련성으로 구분한다. 아무래도 영업자산과 영업부채가 더 중요하지만 경우에 따라 비영업자산과 비영업부채도 딜의 중요한 검토 요소가 될 수 있으므로 영역별로 바라보는 관점이 조금 다르다.

영업자산에는 매출채권, 재고자산, 미수금 등 회사의 운전자본을 구성하는 요소들과 회사의 사업활동과 직접적으로 관련된 유무형 자산 등이 있다. 비영업자산으로는 현금성 자산, 금융상품,

127

투자부동산 등이 있는데 회사의 사업이나 영업에 직접적인 부가 가치를 창출하지 못하는 자산 정도로 이해하면 된다.

결국 회사의 본 사업을 운영하면서 이익과 가치 창출에 직접적인 영향을 주는 자산을 영업자산, 그에 해당하지 않는 자산들은 비영업자산으로 구분하는 것인데 이렇게 구분하는 목적은 밸류에이션과 밀접하게 연결되어 있다. 회사의 기업가치를 평가할 때는 본연의 사업활동과 직접적으로 연관된 영업자산과 영업부채가 어떻게 작용하는지를 모두 고려해 멀티플 개념을 적용하고, 영업과 무관한 비영업자산과 비영업부채는 멀티플 개념에서 별도로 고려해 가산 또는 차감한다. 이 부분은 여기서는 바로 이해하기 어려울 수 있는데 이어지는 밸류에이션 코너에서 자세히 설명하도록 하겠다.

영업부채에는 매입채무, 미지급금 등이 있고 영업자산과 마찬가지로 사업 운영에서 필수적으로 발생하는 운전자본으로 구성되어 있다. 비영업부채에는 차입금, 사채 등이 있는데 현금성 자산이 비영업자산에 해당되므로 반대급부로 현금성 자산을 빌리는 차입금과 사채도 모두 비영업부채로 간주한다. 이 부분에서 '현금도 차입금도 모두 영업과 관련해서 발생하는 것 아닌가?'라고 생각할 수 있는데 관점을 기업가치 창출에 기여하는지, 또는 사업 운영에 필수적으로 발생하는 부채인지로 두고 판단하는 것이 좋다.

현금은 사업활동의 부수적인 결과물로써 쌓일 수 있겠지만 매출채권이나 재고자산처럼 그 자체로 본질적인 운전자본이 되지 못한다. 차입금 역시 경영자의 판단에 따라 자본을 조달하기 위해 끌어온 부채일 뿐 매입채무처럼 경영활동에 반드시 부수되는 부채는 아니다. 즉 현금은 기업가치 증진에 기여하지 않고 차입금 역시 마찬가지이므로 각각 비영업자산과 비영업부채로 분류된다. 이러한 비영업자산과 부채는 기업의 영업가치, 사업가치를 계산할 때는 제외되고, 추후 순부채$^{net\ debt}$로 고려되어 주식가치에 영향을 미친다.

## 재무상태표 계정과목별 실사 주안점

### 현금 및 금융상품 등

회사가 보유하고 있는 현금이나 금융상품 등의 자산들은 비영업자산에 해당되지만 회사가 주장하는 금액이 실제 존재하는지 확인하는 것이 가장 중요하다. 따라서 은행 및 증권사 계좌별로 재무제표에 적힌 것과 동일한지 확인하는 과정을 꼭 거치게 된다.

사실 이 계정과목은 잔액 확인이 중요한 게 아니라 회사가 보유한 현금과 금융자산들이 기업의 전체 현금흐름에서 합리적으로 증가하거나 감소하는지 큰 그림을 살펴보는 쪽으로 활용된다. 즉 회사가 지난 수년간 얼마를 벌었고 얼마를 썼으니 아무리 못해도 현금과 금융상품이 어느 정도 누적되어야 하는데 그 예상이 맞는지 현금흐름표와 함께 검토하는 것이 더 중요하다.

## 매출채권 및 미수금 등 운전자산

회사가 앞으로 받을 돈의 목록을 제공해야 하는데 보통 매출채권, 미수금 등의 계정과목으로 기록되어 있다. 여기서 가장 중요한 것은 거래처별 채권 관리다. 고작 채권 관리, 즉 어떤 거래처에 채권이 얼마나 생겼고 그중 어느 정도 회수되어 현재 잔액이 얼마인지가 틀릴 만한 항목인지 의아할 것이다.

하지만 현실은 그리 녹록하지 않다. 특히 매출처가 다양하고 채권 과정이 복잡하면 회사가 거래처별로 받아야 할 돈과 받은 돈을 정확히 관리하기 어려워질 수 있다. 특히 회계 관리를 외부 기장으로 맡길 경우 이 영역의 오류가 아주 흔하다. 외부 기장의 어쩔 수 없는 업무 범위 한계 때문에 경영진이 이 부분을 특별히 주의해서 관리하지 않으면 언제든지 틀어질 수 있다. 특히 채권 관리는 한 번 틀리면 그것을 발견하기 전까지 재무제표에 잔액 오류가 이어질 수 있어 위험하다.

실무를 하다 보면 매출채권이나 미수금 잔액이 마이너스일 때가 있는데 이는 내가 받을 돈이 있는 게 아니라 오히려 지급해야 한다고 기록된 것이다. 경영자 입장에서 내가 돈을 받아야 하는 거래처에게 줄 돈, 즉 부채가 있다면 당황스러울 수밖에 없다. 문제는 이러한 잘못된 채권 관리가 언제부터 어떻게 시작되었는지 일일이 추적하기 어렵다는 것이다. 특히 딜의 절정을 향해 달려가고 있는 실사 과정에서 이런 오류가 발견되면 서로 불편해질 수밖에 없다. 채권 잔액의 신뢰성에 문제가 생긴다는 것은 해당 채권 외에 회사가 보유 중인 다른 자산의 금액도 틀어질 수 있다는 의미이고, 따라서 인수자 입장에서는 회계 및 채권 관리에 대한 신뢰성에 의구심이 들 수밖에 없다. 그래서 최소한 채권과 미수금은 주기적으로 철저하게 정리할 필요가 있다.

채권 관리의 신뢰성 다음으로 실사하는 영역은 과연 이 채권들이 받을 수 있는 채권인지에 대한 부분이다. 회사는 자산으로 기록하고 있지만 상대방 거래처가 줄 생각이 없거나 줄 능력이 안 되는 경우도 많기 때문이다. 이미 폐업한 거래처의 채권이 있을 수도 있고, 회사가 2~3년 넘게 받지 못하고 있는 채권들도 있을 수 있는데 아무래도 인수자 입장에서 이런 채권들은 받을 수 있는 채권으로 기대하기 어렵다. 그래서 실사를 통해 대손상각비*를 인식하는 회계 조정을 거치기도 하고, 주식양수도계약서나 주주간계약서에 문제가 될 만한 채권의 처리 방식을 두고 약정을 걸기도 한다. 몇 가지 소소한 채권이라면 딜 전반에 큰 영향을 미치지는 않겠지만 만약 큰 금액의 미수채권이 존재하거나 채권 관리가 굉장히 부실한 회사라면 딜 자체를 지속하지 못할 정도로 신뢰가 떨어질 수 있으니 주의해야 한다.

매출채권과 미수금에 또 하나 중요한 영역은 회전율이다. 즉 채권 발생 후에 얼마나 빠르게 회수되느냐는 것인데, 채권 회수

---

● 회수가 어려울 것으로 보이는 매출채권을 상각처리한 것을 의미한다.

는 빠르면 빠를수록 좋고 채무 지급은 느리면 느릴수록 좋다. 그러면 일찍 받은 돈과 늦게 준 돈의 사이에 발생하는 현금 효과를 활용할 여지가 많기 때문이다. 쿠팡과 같은 대형 이커머스 회사들이 입점 업체들에 현금 결제 주기를 회사에 유리하도록 설정하는 데는 다 그만한 이유가 있다.

### 재고자산

매출채권이나 미수금보다 더 중요한 것이 영업자산이다. 회사의 손익에 직접적인 영향을 미칠 수 있는 계정과목이고 중소기업이든 대기업이든 정확하게 관리하기 아주 어려운 영역이기 때문이다. 예를 들어 기말 재고금액에 따라 매출원가가 달라지고 이에 따라 영업이익과 EBITDA* 모두 영향을 받는다. 과거 대형 회계법인에서 다양한 대기업의 재고자산 감사를 수행했는데, 재고자산 관리가 아주 쉬운 특별한 사례를 제외하면 거의 모든 기업들이 재고자산 관리에 애를 먹고 있었다. 아무리 수억 원을 들여 ERP(전사적자원관리)를 구축하더라도 재고자산 관리는 여전히 어려웠다. 수조 원의 상장사들도 이러했으니 중소기업은 오죽할까? 그래서 재고자산 관리는 굉장히 중요하다.

실사단 입장에서 가장 먼저 확인하는 것은 재무제표상의 재고

---

• 기업이 영업활동으로 벌어들인 현금 창출 능력을 나타내는 지표를 지칭한다.

자산이 실제 존재하고 있는지다. 회계감사처럼 실제 재고실사를 수행하는 경우도 있다. 회사의 재무제표에 30억 원의 재고자산이 기록되었다면 당연히 어딘가에 30억 원어치의 재고가 보관되고 있어야 한다. 사업을 안 해본 사람들은 이게 왜 어렵고 중요한가 싶겠지만, 재고 관련 사업을 해본 사람들이라면 이것이 얼마나 어려운 작업인지 충분히 공감할 것이다. 특히 재무제표상의 재고 자산 금액과 창고에 보관된 재고자산의 실제 금액이 일치하지 않으면 어디서부터 관리하고 맞추어야 할지 감을 잡기가 어렵다.

재고금액을 맞추어보는 것은 시작일 뿐이다. 회사가 보유하고 있는 재고자산 수불부와 재고 입출고 자료를 검증해야 하는데, 이 과정을 적절하게 수행해야 회사가 판매하는 제품의 원가와 마진의 적정성을 검증할 수 있다. 이를 제대로 이해하기 위해서는 일정 수준의 회계 지식이 필요한데, 회계 지식까지는 아니더라도 재고자산의 단가, 판매 시점, 판매 물품, 판매 수량, 반품 수량, 재고 수량, 판촉 목적 제공 수량 등 재고 흐름을 수량과 가격 관점에서 모두 추적할 수 있어야 한다. 이렇게 글만 보아도 관리의 어려움을 체감할 수 있겠지만, 중소기업 입장에서는 완벽한 관리까지는 어려워도 늘 이 부분을 개선하는 데 집중해야 한다.

물론 이 부분에 약점이 있는 중소기업이라 해서 모두 딜을 못하는 것은 아니다. 재무제표는 복식부기로 작성되기 때문에 결국 어딘가에서 퍼즐이 완성되도록 설계되어 있는데, 앞서 말한 복잡한 과정을 거치지 않더라도 몇 가지만 면밀하게 검토하면 대략적으로 회사가 주장하는 원가와 이익 수준이 크게 틀리지 않았음을 추정할 수 있다. 여기서는 간단히 설명했지만 어쨌든 재고자산의 수량과 가격을 추적 관리하는 것은 매우 중요하다.

만약 재고자산이 일정 수준 이상으로 관리되는 회사라면 훨씬 더 많은 강점과 전략을 구상할 수 있는데(당연히 잠재 인수자의 신뢰도도 높아진다) 근본적으로 재고 관리를 철저하게 하는 이유는 제품별 원가 구성이나 변동성을 추적해 최종적으로 손익 관리를 철저하게 진행할 수 있기 때문이다. 경영자는 A제품이 수익성이 좋다고 생각했는데 막상 B제품의 수익성이 더 좋은 경우가 많다. 이처럼 재고를 구체적으로 확인해서 회사의 전략을 구상해야 한다. 이러한 전략을 구상하는 시발점이 안정적인 재고자산 관리다.

실사단 입장에서도 재고 관리의 중요성을 인지하고 있기 때문에 이 부분에 상당한 시간을 할애해 실사를 수행한다. 또한 재고 역시 채권과 마찬가지로 얼마나 빠르게 회전하고 있는지를 검토한다. 제품별 회전율을 파악해 잠재 인수자들에게 실사 결과를 보고하는 것이라고 생각하면 된다.

채권 중 받지 못하는 채권을 검토하듯이 재고자산 중 판매할 수 없는 재고들을 파악하는 것도 실사단의 주요 목적 중 하나다. 재고의 유통기한이 만료되었거나, 유통기한과 상관없이 사실상 판매가 불가능해졌다면 해당 재고는 자산성이 없다고 보아야 한다. 단순히 자산에서 차감하는 수준이 아니라 해당 자산을 폐기하는 데 들어가는 폐기비용까지 반영될 수 있다.

재고자산은 물건을 파는 기업 입장에서는 가장 중요하게 관리해야 하는 자산이다. 경영을 해본 사람들은 재고자산 발주와 생산관리가 엄청나게 어렵다는 것을 잘 알고 있다. 그런데 그 와중에 재고자산의 흐름까지 파악해야 하니 경영자로서 결코 쉬운 일이 아니다. 오히려 아무나 할 수 없는 영역이기 때문에 채권이든 재고자산이든 체계가 잡힌 기업들이 주식가치를 상대적으로 쉽게 인정받는 것이 아닌가 싶다.

## 유무형 자산

회사에는 다양한 유무형 자산이 존재한다. 공장, 기계장치나 비품 등 유형자산부터 시작해 상표권, 개발비, 특허권 등 형태가 없는 무형자산까지 다양하다. 실사 단계에서는 유무형 자산이 실제로 존재하는지, 또 제대로 측정되고 계산되었는지 검토해본다. 유무형 자산은 감가상각비와 연결되어 있기 때문에 EBITDA를 계산할 때도 영향을 미친다. 물론 회사의 감각상각비 비중에 따라 유무형 자산 실사의 중요성이 조금씩 변하기는 하지만 기본적으로 재무제표에 기록된 자산이기 때문에 잘 관리되고 있는지 보는 것이다.

오히려 유무형 자산을 실사하면서 주안점으로 삼는 부분은 회사의 CAPEX<sup>capital expenditures</sup>(자본적 지출) 투자 추정치 산정이다. 회사의 유무형 자산은 근본적으로 사업 운영을 위해 꼭 필요한데 유무형 자산을 한번 설치했다고 해서 그것이 영원히 지속되는 건 아니기 때문이다. 그 개념이 감가상각비인데, 회사가 보유한 모든 자산 중에 영원히 존재해 감가상각하지 않는 것은 사실상 토지 하나뿐이다.

공장이든 기계장치든 소프트웨어든 특허권이든 자산마다 가치를 유지하는 기간이 존재하고, 그 기간을 연장하려면 유무형 자산에 일정 수준으로 꾸준히 투자해야 한다. 또한 사업 확장 관점에도 유무형 자산 투자가 당연히 전제되어 있다. 이러한 추가투자에 소요되는 비용과 시간을 추정하는 것을 CAPEX 추정이라고 한다. 이는 기업을 매각한 입장에서는 상대적으로 덜 중요할수 있겠지만 인수자 입장에서는 엄청나게 중요한 요소다. 이런 유무형 자산 투자는 절대적인 금액도 크기 때문에 인수자가 실사단에게 당연히 정확한 CAPEX 추정을 요청할 수 있다. 그러므로 기존 경영자는 회사의 사업을 위해 어떤 CAPEX 투자를 해야 하는지와 예상되는 소요 자금 등도 적절하게 공유하는 것이 좋다. 어차피 재무제표에 적힌 유무형 자산과 감가상각 실사를 통해 어느 정도 방향이 잡히겠지만 아무래도 전문가의 의견까지 같이 전달해주면 실사가 훨씬 원활해진다.

회사가 보유한 토지나 부동산의 시가도 검토하는데, 해당 부동산이 영업자산이냐 비영업자산이냐부터 먼저 구분한다. 영업자산이면 결국 회사가 보유한 부동산을 통해 얼마의 수익과 현금흐름을 만드는지에 더 집중하고, 비영업자산이라면 해당 자산을 매각할 수 있는지, 매각한다면 얼마의 가치로 평가될지, 다른 활용

방안은 없을지 등을 함께 검토한다.

시가가 오를 가능성이 분명한 비영업자산이라면 그대로 보유하려는 경우도 있어 이 부분은 잠재 인수자의 요구에 따라 갈린다고 생각하면 된다. 다만 주의해야 할 것은 영업자산으로 활용하는 부동산을 단순히 시가평가해서 기업가치를 가산해서는 안된다는 점이다. 예를 들어 회사의 공장과 부지 시가가 100억 원인데 회사에서 창출하는 영업이나 사업가치가 200억 원이라면 200억 원 안에 부동산의 가치가 어느 정도 반영되어 있다고 생각해야 한다. 조금 복잡한 영역인데 사업가치가 부동산 가치보다 작은 예외적인 경우가 아니라면 분리해서 합산하는 방식의 논리는 적절하지 않다.

무형자산은 회계적인 요소보다는 법률, 기술적인 평가가 중요하기 때문에 숫자 검증이 중요하지 않다. 물론 영업권 평가처럼 이해하기 어려운 평가 영역이 있으나 이는 전문가의 영역이므로 여기서는 생략했다.

### 기타 자산

중요한 자산 외 다양한 종류의 기타 자산들도 실사 대상에 포함된다. 회사마다 자산 종류는 다양하겠지만 근본적으로 실사단이 검증하려는 요소는 명확하다. 실제 그 자산이 존재하는가, 재무제표에 적힌 만큼 자산가치가 있는가, 자산가치가 상승하거나 하락할 요인은 없는가 등을 검토한다. 아무래도 실사단은 회사를 최대한 합리적으로 인수하려는 입장의 전문가들이기 때문에 자산의 차감 가능성에 집중해서 검토하는 편이므로 매각 자문사와 회사는 이를 잘 방어해야 한다.

### 매입채무, 미지급금 등

매입채무도 매출채권과 마찬가지로 거래처별로 줄 돈이 잘 관리되고 있는지 실사한다. 매출채권이 실제로 받을 수 있는 돈인지에 초점이 맞추어져 있다면 매입채무는 반대로 재무제표에 없는 누락된 매입채무가 없을지에 집중한다. 즉 재무제표에는 채무라고 기록되지 않았지만 사실상 회사가 지급해야 하는 채무가 있을 수 있다. 물론 이를 회계감사처럼 아주 상세하게 검토하는 것은 어렵지만(회계감사는 다양한 계약서를 샘플로 삼아 회사가 지출해야 하는 금액 중 누락된 요소까지 적출하는 절차가 존재한다) 회사의 전체 사업 흐름을 파악하며 매입채무가 제대로 관리되고 있는지 파악한다. 우리에게 매입채무는 상대방의 받을 돈이기 때문에 여기서 분쟁이 생기면 인수자 입장에서는 파악하지 못했던 현금 유출이 발생하므로 이의 책임 소재를 두고 문제가 불거질 수 있다. 어쨌든 채권과 채무는 회사 운영의 아주 기본적인 관리인 만큼 중요성 또한 상당히 높다.

또한 매출채권과 마찬가지로 매입채무 회전율도 측정한다. 회사가 매입 거래처마다 어느 주기로 돈을 지급하고 있는지 파악하는 것인데 매출채권의 회수 속도와 매입채무의 지급 속도 차이가 회사의 유동성을 결정하고 회사의 전반적인 안정성에도 영향을 미치기 때문이다.

## 차입금, 사채

회사가 외부에서 자금을 얼마큼 빌렸는지 검토한다. 매입채무와 마찬가지로 누락된 차입금이 없는지, 차입금 이자는 어떠한지, 상환이 임박해 연장이 불가능한 차입금은 없는지 등이 주요 실사 대상이다. 인수할 때는 예상치 못했던 상환 문제가 뒤늦게 불거진다면 회사 경영 및 현금흐름 관리에 치명적일 수 있기 때문에 잠재 인수자 입장에서는 당연히 살펴보아야 하는 영역이다.

또한 최대주주가 변경되었을 때 기존에 존재하던 다양한 차입금들이 어떤 영향을 줄지도 검토해야 한다. 담보물이 명확한 차입금도 많겠지만 담보 외에 대표이사 신용보증이 연계된 차입금도 많다. 후자의 경우 대표이사나 최대주주가 변경되면 차입금 조건도 달라질 여지가 충분히 있다. 그래서 차입금이 많은 기업이라면 실사 과정에서 이 부분에 중점을 두고 검토하게 된다.

또한 차입금이나 사채 등은 회사의 부채비율과도 밀접하다. 즉 인수자의 경영 방식에 따라 부채비율이 떨어지거나 오히려 오를 수도 있다. 실사 단계에서는 그러한 경영활동이 가능한 회사인지, 가능한 조건으로 차입금이 계약되어 있는지, 차입금 자체를 양도할 수 있는지 등을 종합적으로 검토한다.

## 충당부채

충당부채의 개념이 낯선 사람도 많을 텐데, 정확한 날짜는 모르지만 회사에서 반드시 지출될 비용들을 미리 인식한 부채라고 보면 된다. 말이 조금 어려울 수 있는데 예를 들어 가장 대표적인 것이 임직원 퇴직금이다. 퇴직금은 실제 임직원이 퇴사해야 지출되지만, 인수하는 입장에서는 이렇듯 미래에 부담해야 할 책무를 정확하게 파악하고 싶어 한다.

물론 주식 인수는 기본적으로 미래 부채의 지급 의무까지 인수하는 것이기 때문에 기존 경영자가 운영하던 시기의 퇴직금을 기존 주주가 책임져야 한다는 것은 아니다. 다만 회사 재무제표에 누적된 채무들(미래 지급이 확정된 채무를 포함)이 적절하게 반영되었는지 확인해야 향후 경영 계획을 올바르게 세울 수 있다.

기존 경영진이 고객에게 발행한 쿠폰이나 포인트가 아주 많을 때도 중요한 충당부채가 된다. 고객에게 쿠폰이나 포인트를 발행했다는 것은 그만큼 회사가 현금을 받지 못하면서도 제품이나 서비스를 제공해야 한다는 의미가 되므로 인수자가 감수해야 하는 부채라고 인식해야 한다. 어쨌든 이러한 충당부채들, 즉 당장 눈에 보이는 차입금 성격은 아니지만 언젠가는 회사가 부담해야 할 우발부채들을 발견하는 것 또한 실사의 주요 목적 중 하나다.

## 자본

실사 차원에서 자본을 이야기하자면, 자본 실사는 과거 주주

변동 내역, 증자 및 감자, 그리고 배당 내역을 검토한다고 이해하면 된다. 즉 회사 자본의 변경된 역사를 살펴보는 것인데 현재 자본구조와 주주명부가 완성되기까지 어떤 자본거래가 있었는지 검증하는 것이다. 대부분 전문가의 영역이므로 이 정도로만 이해해도 충분하다.

## 손익계산서 계정과목별 실사 주안점

손익계산서는 재무상태표보다 훨씬 더 다양한 관점으로 실사를 진행한다. 회사가 사업활동을 통해 얼마를 어떻게 벌고 있는지 나타내는 재무제표이기 때문에 당연히 딜 관점에서는 더 중요하다.

### 매출

매출은 앞서 언급했듯이 브레이크 다운이 핵심이며, 보통 회사 매출을 여러 기준으로 나누어 실사한다. 단순히 제품별, 브랜드별 매출 정보뿐만 아니라 광고 채널과 유통 채널의 매출까지 상세하게 검토하고 상세 구분 기준을 복수로 적용하기도 한다. 예를 들어 유통 채널별·제품별·거래처별·브랜드별로 매출 정보를 정리해서 회사가 창출하는 모든 매출을 아주 상세하게 소분하는 것이라 보면 된다.

이러한 실사의 목적은 회사가 주장하는 강점이 진실인지 검증하면서도 회사도 모르고 있는 새로운 기회를 찾아 인수 후 전략을 구상하기 위함이다. M&A로 성공한 SI 기업들 중에 가장 유명한 회사가 LG생활건강이다. LG생활건강은 다양한 M&A를 성공시켰는데 그들의 인수 철학 중 하나는 실사 단계에서 완전히 하나의 회사라고 가정하고 새로운 매출 전략을 짜내는 것이었다. 그렇기 때문에 매출을 상세하게 분류하는 작업이 더욱 중요할 수밖에 없다. 인수자 입장에서 인수 후 시너지 포인트를 쉽게 찾을수록 딜의 성사 가능성이 자연스레 높아진다.

매출 실사의 또 다른 한 축은 회계처리의 적정성인데 이는 경영진 입장에서 판단하고 결정할 수 있는 영역이 아니다. 어떤 매출 회계처리를 적용하는지에 따라 회사의 재무제표도 급격하게 달라질 수 있는데, 실사 단계에서는 인수 자문사와 매도 자문사의 협의를 통해 일치된 회계처리 기준을 선택하기 마련이고 그에 따라 매출 회계처리를 반영한다. 예를 들어 회사는 총액 매출인식 회계처리를 수행하고 있지만 인수자나 자문사의 논의에 따라 더 정확한 회계처리가 순액 매출인식이라고 판단되면 회사의 재무제표도 해당 기준에 맞추어 다시 작성해서 논의를 이어가게 된다. 회계처리의 실무적인 부분은 이 정도로 언급하면 충분할 것 같다. 다만 경영진 입장에서는 딜을 진행할 때 매출 회계처리 방식을 별다른 문제 없이 변경할 수 있는지 한번 확인해보아야 한다.

### 매출원가

회사의 매출을 상세하게 나누었듯이 매출원가도 동일한 논리가 적용된다. 매출원가를 상세하게 구분하는 것은 매출을 상세하게 구분하는 것보다 훨씬 어렵다. 근본적으로 매출원가 실사가 재고자산 및 구매, 생산 등 재고 흐름과 모두 연결되어 있기 때문이다. 앞서 언급했지만 재고 계정의 실사 자체가 어렵다 보니 매출원가 실사까지 어렵다고 보면 된다.

다만 추구하는 방향은 매출과 동일하다. 되도록 다양한 구분 기준대로 원가까지 구분할 수 있는 자료를 제공한다면 실사가 더 원활해질 것이다. 하지만 원가는 제품 생산 단계나 각 채널, 광고, 유통 거래처별로 다르기 때문에 매번 직접적으로 관리하는 것은 어렵다. 따라서 최대한 합리적인 매출원가 실사를 진행하게 된다.

만약 매출원가에 제조비용이 포함되어 제조원가까지 연결된 경우는 더더욱 복잡해지는데 전문가의 영역이므로 여기서는 생략했다.

### 판매관리비

임대료, 인건비, 광고선전비, 지급수수료 등 일반적인 판매와 관리 활동에 수반되는 비용이 다양하게 기록된 계정과목이다. 실사에 앞서 판매관리비의 각 계정과목이 어떤 양상으로 지출되는지 파악하는 것이 중요하다. 즉 회사가 매출 창출을 위해 원가와 비용을 얼마나 지출하는지 검토하는 것인데 이는 인수자가 회사의 손익 구조를 상세하게 검토하는 매우 중요한 절차다.

이 단계에서 중소기업들이 유의해야 할 점은 계정과목 분류다.

지급수수료 성격의 비용이 광고선전비에 포함되어 있거나 임대료 비용이 임대료가 아닌 별도 계정과목으로 회계처리된 경우들을 말한다. 안타깝게도 이런 일이 상당히 많다. 특히 외부의 회계 기장으로 재무제표를 작성하는 기업들은 경영자나 경영관리팀이 따로 검토하지 않으면 이러한 오류가 많이 나온다. 이것들은 딜의 성패에 결정적인 영향을 끼치지는 않지만 정확한 손익 분석을 하는 데는 번거로운 걸림돌이 될 수 있다.

매출을 일으키는 데 발생하는 각종 판매관리비용들이 어떤 계정에 어떻게 발생하고 있는지 정확하게 파악하는 것이 목표인데, 애초에 계정과목이 제대로 분류되어 있지 않으면 검토의 적정성이 떨어질 수밖에 없다. 예를 들어 회사 매출의 3% 정도가 운반비로 나가고 있다고 계산했는데 실제 운반비 계정을 살펴보니 운반 성격이 아닌 비용이 잔뜩 있다면 3%의 분석은 오히려 잘못된 판단을 야기할 수 있다.

어느 정도 규모가 있는 회사들은 이런 현상이 많이 발생하지 않지만 중소기업 중에서도 외부에 회계 기장을 전적으로 맡기는 곳들은 반드시 주기적으로 계정과목의 적정성을 검토해야 한다. M&A 현장에서는 작은 딜일수록 이러한 재무제표 문제로 신뢰성이 무너져 딜이 무산되는 경우가 종종 발생한다. 만약 투자유치 거래라면 이야기가 조금 달라지겠지만(앞으로 잘 관리하라는 정도로 언급하고 투자를 진행하는 경우가 대부분이다) M&A 거래의 인수자 입장에서는 기본 요소가 불안한 회사의 인수를 망설일 수밖에 없다.

판매관리비용 역시 다른 손익 요소와 마찬가지로 더 상세한 계정까지 브레이크 다운을 한다. 예를 들어 광고선전비라고 재무제표에 한 줄로 기록된 정보는 큰 의미가 없기 때문에 광고선전비가 어느 채널로 어떻게 지출되고 어떤 변화 양상을 보이는지 정리하면서 실사를 진행한다. 이러한 상세 계정과목 브레이크 다운은 인수자로 하여금 다양한 의사결정을 지원해주기 때문에 어느 계정에도 통용되는 실사 특징이라고 생각하면 좋다.

## 변동비와 고정비

회사의 비용 구조를 변동비와 고정비로 분류해 분석하는 것으로 인수자 입장에서는 향후 경영 관련해 의사결정을 내릴 때 아주 중요한 정보가 된다. 전문적인 회계 내용은 생략하겠지만 회사의 변동비와 고정비 구조를 파악해야 회사의 손익분기점을 파악하고 더 나아가 제품별로 확보해야 할 마진, 가격 정책, 사업부별 성과 관리 등 관리회계 영역을 체계적으로 설계할 수 있다.

변동비와 고정비 관리는 원가관리회계의 핵심으로 꽤 복잡한 작업이지만 실사 관점에서는 중요할 수밖에 없다. 그래서 실사단은 경영진 인터뷰와 제공된 자료를 기초로 회사의 변동비와 고정비를 분류하고 변동비를 발생시키는 원가 동인까지 집중적으로 검토한다.

변동비, 고정비 및 손익분기점 등 회계의 이론적인 내용은 이 책의 취지와 달라 별도로 정리하지 않았으니 관심 있는 독자라면 따로 공부하길 권장한다. 경영자가 다양한 의사결정을 내릴 때 유용한 정보들을 정리할 수 있기 때문이다.

# 세무 문제를 파악하는
# 세무실사

세무실사의 목적은 인수 후 회사의 세무 문제와 위험을 사전에 파악하는 데 있다. 경우에 따라 딜 구조와 직접적으로 연결된 간주취득세 같은 세무 문제를 검토하기도 한다.

세무실사에 대해 여기서는 전문적인 내용까지 이해할 필요는 없고 큰 그림을 알 수 있으면 된다. 간단하게 이야기하면 '만약 우리가 인수한 뒤에 세무조사가 나온다면'의 가정으로 모든 세무실사가 진행된다. 실제로 인수 이후 세무조사가 나올 수 있고, 통상 세무조사는 과거 5년 중 어느 해라도 조사 대상이 될 수 있으므로 인수자 입장에서는 자칫하면 딜 이전의 세무 문제까지 부담할 위험이 있다. 이러한 위험을 헷지 하기 위해 진행하는 실사가 세무실사다.

## 법인세·부가가치세·원천세·소득세 등
세무실사는 세목별로 진행되는데, 회사가 과거 신고한 내역을 검토해 세무조사가 나왔을 때 발생 가능한 우발채무를 측정한다.

보통 법인세, 부가가치세, 소득세, 원천세 등으로 나누어 살펴보는데 세무 전문가가 아니면 누구나 당황스러운 실사 결과를 받을 가능성이 높다.

털어서 먼지 안 나오는 사람 없다는 말이 있는데 세무실사가 이런 쪽 실사에 가깝다. 세무조사의 강도나 방향에 따라 추징되는 세금은 천차만별인데 보통 굉장히 까다로운 세무조사가 나왔다고 가정하고 업무를 진행하는 편이다. 모든 세법상 의무를 완벽하게 준수하기란 사실상 불가능하기 때문에(대기업들도 단순 실수나 해석의 차이로 수십억 원에서 수백억 원의 세금을 추징당하기도 한다) 세무실사에서 발생한 문제는 합의적인 관점과 문제 발생 가능성을 고려해 논의해야 한다.

잠재 인수자 입장에서는 이러한 세무 문제가 발생하면 기업가치나 주요 인수 조건에 대해 다시 협상할 수 있다. 그러므로 발견된 세무 문제가 얼마나 큰 오류인지 반드시 점검해야 한다.

## 세액공제

세무실사 단계에서는 세액공제에서 가장 흔하게 문제가 발생한다. 보통 과거 회사가 신고했던 세액공제 중에 잘못된 내역이 발견되어 세금을 추징당하는 경우다. 그렇기 때문에 딜을 준비하는 회사 경영진은 세액공제나 감면 적용 시 무리하게 진행했던 것이 없는지 반드시 꼼꼼하게 살펴보아야 한다. 일반적으로 중소기업 경영자들은 절세를 위해 다소 공격적으로 세액공제나 감면을 받는 경우가 많다.

물론 세액공제로 제기되는 문제도 앞서 살펴본 법인세, 부가가치세 문제와 마찬가지로 합리적인 수준으로 재논의되어야 한다. 문제를 지적하는 데 치중하다 보면 실제 세무조사 가능성이나 해당 문제가 수면 위로 떠오를 가능성이 높지 않음에도 딜에 악영향을 미칠 수 있기 때문이다. 이에 대해서는 양측 전문가들이 적절한 수준으로 대화를 잘 이끌어가야 한다고 본다.

## 법률 문제를 파악하는 법률실사

법률실사는 본 실사에서 재무실사와 더불어 가장 중요한 실사다. 법무법인에서 진행하며 회사에 어떤 법률 문제가 있는지 종합적으로 검토하는 실사다. 법률실사에서 문제가 되는 영역은 광범위하기 때문에 일일이 정리하기는 어렵지만 M&A에서 자주 제기되는 몇 가지 문제를 정리하면 다음과 같다.

### 진행 중이거나 진행 가능한 소송

당연히 회사가 어떤 소송을 진행 중인지 검토하며, 이를 통해 해당 소송의 패소 가능성과 패소할 경우 예상 지출비용을 추정한다. 예를 들어 상표권 침해와 관련된 소송이 있다면 해당 소송이 어느 정도 진행되었는지, 유사 판례를 검토했을 때 소송 결과가 어떻게 예상되고 이에 따라 회사의 상표를 그대로 사용할 수 있는지 등을 검토한다.

유사한 관점에서 훗날 회사에 제기될 수 있는 소송 가능성도 점검하며, 이를 파악하기 위해 회사의 모든 계약을 일일이 검토한다. 즉 딜이 성사되었다고 가정했을 때 이후 사업 전략을 진행하기에 앞서 기존 계약의 특정 요건이 어떤 영향을 끼칠지 검토하는 것이다.

## 최종 계약서와 관련된 법률 문제와 협상 요건

딜의 후반부로 갈수록 혹시 모를 법률 논쟁의 중요성이 더욱 커진다. 그러므로 법률실사의 주된 목적 중 하나는 딜을 마무리하고 최종 계약서에 이를 포함하는 과정에서 잠재 인수자가 주의해야 할 점과 특이 사항이 있는지 검토해 협상 조건을 유리하게 이끌어가는 것이다.

최종 계약서 초안을 매도자나 인수자 중 누가 작성할지도 중요한 의사결정인데, 정답은 없다. 물론 초안을 작성하는 쪽이 유리한 면이 많겠지만 근본적으로는 딜의 무게중심이 어디에 놓였는지가 더 중요하다. 따라서 매도자도 법률실사 절차부터는 법률자문사를 선정해놓는 것이 중요하다.

# 전략실사와
# 사업실사

앞서 설명한 세 가지 실사의 주된 목적이 기존 회사의 위험 요소를 파악하고 협상력을 확보하는 것이라면 전략실사와 사업실사는 결이 조금 다르다. 물론 두 실사도 회사가 강점으로 주장하는 것들의 경쟁력을 파악하는 방향으로 진행하기도 하지만 근본적으로는 '인수 후 어떤 전략으로 사업을 해야 성공할 수 있는지'에 초점이 맞추어져 있다.

이에 따라 전략실사와 사업실사는 컨설팅 회사에서 진행하는 경우가 많으며 회사의 강점과 약점을 치밀하게 분석한다. 그리고 잠재 인수자가 갖고 있는 강점과 결합해 어떤 시너지로 향후 밸류에이션을 올려야 할지 검토한다. 전략실사와 사업실사는 잠재 인수자 입장에서도 꽤 큰 자원과 비용을 감당하므로 통상 딜 의지가 꽤 강할 때만 진행하는 편이다. 큰 문제가 없어 인수할 가능성이 높을 때 인수 이후의 사업 전략에 대한 외부 전문가의 조언을 듣는 것이 전략실사와 사업실사의 근본적인 목적이기 때문이다.

전략실사·사업실사 보고서는 매각 자문사에서 작성하는 IM보다 사업 구상과 산업 특징이 더욱 상세하게 잘 정리되어 있다. 그래서 딜 이후에 기존 경영자가 경영을 계속하는 경우 이 보고서를 참고하며 잠재 인수자와 최종 사업 전략을 논의하는 도구로도 활용된다.

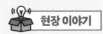
**현장 이야기**

제대로 된 정밀한 실사를 경험한 대표들은 실사 기간이 꽤 고통스러웠다고 이야기한다. 검찰조사나 세무조사에 비할 바는 아니겠지만 어쨌든 수많은 전문가가 자사를 검증하는 것이니 편할 수 없을 것이다.

실사를 대응하는 자문사 입장에서도 실사 기간은 꽤나 피곤하고 고통스러운 시간이다. 그럼에도 실사는 꼭 잘 마무리해야 한다. 거듭 강조하지만 실사는 딜 종결의 8부 능선을 넘어가는 고비이기도 하고, 주요 협상 조건과 문제를 테이블에 올려놓는 준비 시간이기 때문이다.

보통 실사를 대응하는 입장에서는 실사를 진행하는 회사를 두고 '뭘 이런 것까지 달라고 하는지' 불만을 품게 되고, 실사를 수행하는 입장에서는 대상 회사나 자문사에게 '이런 것도 안 주면 어떻게 실사하라는 건지' 하고 화를 내게 된다. 각자의 역할이 있는 것일 뿐이니 이 세계를 미리 잘 이해해 실사에 현명하게 대응하길 바란다.

그렇다면 어떤 실사가 가장 중요할까? 정답은 없다. 모든 딜이 다 다르기 때문이다. 그럼에도 굳이 중요도 순으로 나열해보자면 '재무실사 > 법률실사 > 세무실사 > 전략실사' 정도라고 생각한다. 전략실사와 사업실사는 인수를 가정하고 가장 효과적인 사업계획 수립을 검토하는 실사이기 때문에 딜의 성패에 큰 영향을 미치지 않는 듯하다. 딜의 언어인 숫자

에서 문제가 발생하거나 극복하기 어려운 법률 문제가 발생
하면 언제든 딜은 깨질 수 있다. 따라서 중요도는 참고하기만
하자.

# SI와 FI의
# 투자 의사결정 과정

투자처를 물색하고 투자를 집행하는 전체 과정에서의 의사결정 과정은 SI든 FI든 크게 다르지 않다. 또한 매도자가 거치는 절차를 이해하면 인수자와 투자자의 절차도 충분히 짐작할 수 있다. 인수자의 투자 의사결정 과정에서 알아두어야 할 중요한 특징 중 하나는 거래에 영향을 미칠 수 있는 이해관계자가 생각보다 많다는 점이다.

우선 SI든 FI든 몇 차례의 투자 심의 과정이 존재한다. 단 한 번의 의사결정으로 수백억 원의 딜이 결정될 리 만무하다. 투자 심의 과정 중 어디에서 변수가 발생할지 예측하기는 어렵지만 하나의 딜에 아주 많은 이해관계자가 엮여 있다는 사실만은 꼭 인지하고 있어야 한다.

　FI의 경우 FI에 소속된 파트너(임원)들의 찬반 의견은 물론이고 그들에게 자금을 조달해주는 LP들의 의견도 중요하다. 아무리 블라인드 펀드로 투자를 집행한다고 하더라도 LP들에게 보고하거나 승인받는 과정이 존재하기 때문이다. 프로젝트 펀드라면 말할 것도 없다. FI가 몇 차례의 투자 심의를 거치고 어떤 방법으로 찬반 의사를 결정하는지는(만장일치나 과반수 등) 투자기관마다 조금씩 다르지만 이해관계자가 생각보다 많다는 점이 중요하다.

　SI는 고려해야 할 관계자가 훨씬 더 많다. 특히 인수자가 상장사일 때는 여러 주주마다 서로 다른 의견이 오갈 수 있고 주주총회에서 결정이 변경될 수 있다. 물론 주주 구성이 간단하고 소수 오너와 경영진에 좌지우지되는 SI라면 이야기가 달라질 수 있지만(소위 회장님이 작심하고 딜을 주도할 때) 기본적으로 SI는 경영진, 주주, 관계부서 및 관계회사, 심지어 관계회사 주주까지 이해관계가 복잡하게 얽힐 가능성이 높으므로 이를 충분히 고려해 딜을 준비하는 것이 좋다. 누구 하나가 반대 의사를 드러낸다면 딜 진행 기간이 길어질 여지가 있고, 기간이 길어지면 다른 변수가 개입할 가능성도 커지는 것이다.

　또한 몇 번 강조했듯이 SI의 본업은 M&A나 투자가 아님을 인지하고 접근해야 한다. 즉 투자 행위가 본업인 FI와 달리 SI는 본업이 따로 있기 때문에 아주 매력적이고 확실한 딜이 아니라면 굳이 서두를 이유가 없다. 이러한 이유로 SI 투자는 타이밍에 따라 딜 속도와 성사 가능성이 크게 차이 날 수 있다. 그러므로 SI와 딜을 진행할 때는 많은 이해관계자 사이에서 발생하는 변수와 더불어 넉넉한 타임라인까지 고려해야 한다.

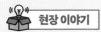 현장 이야기

수많은 이해관계는 딜이 쉽지 않음을 증명하는 핵심적인 이유다. 한 잠재 인수자와 딜을 논의하다 보면 많게는 10장 넘게 명함을 받을 때가 있는데 이 명함이 모두 이해관계자라고 생각하면 된다. 이해관계자가 많으면 설득해야 하는 사람도 많다는 의미가 되고, 사람이 많아지면 변수도 늘어난다. 그래서 딜은 끝날 때까지 끝난 것이 아니다.

물론 정반대 경우도 잊지 말자. 강력한 의사결정권을 가진 한 명을 설득할 수 있다면 나머지 이해관계자 설득이 훨씬 더 편해질 수 있다. 그래서 딜은 누구를 어떻게 설득할 수 있는지가 중요하다.

# 인수자 관점의
# 딜 전체 과정

지금까지 매도자 입장의 여정을 살펴보았다면 여기서는 인수자 입장의 여정도 간단하게 정리해보겠다. M&A에 전문성을 갖춘 사모펀드나 SI도 많지만 시장에는 회사를 인수하고 싶어도 경험이 부족해 어려워하는 SI도 많다.

매각과 마찬가지로 인수도 하나의 명확한 길이 없으며 여기서는 가장 일반적인 수준의 절차를 정리했다. 매도자 측의 절차에 인수자가 진행하는 업무들도 녹아 있기 때문에 전략과 딜 탐색 관점에서만 간략히 짚어보고자 한다.

## 왜 인수합병을
## 하려고 하는가?

너무 당연한 이야기지만 먼저 인수나 합병을 하려는 목적이 명확해야 한다. 생각보다 인수 목적을 가볍게 생각하는 경우가 많기 때문이다. M&A 기사에 굉장히 많이 나오는 단어 중 하나가 '승자의 저주'다. 인수는 기업가치를 높이는 시작일 뿐 인수 자체가 목적이 되어서는 안 된다. 그렇기 때문에 단순한 목적으로 인수를 고려하면서 에너지와 시간을 낭비하지 않길 바란다.

또한 단순히 규모 확장, 매출 성장, (시너지 효과나 전략적 고민 없는) 사업 확장과 같이 인수 목적이 날카롭지 않으면 M&A에 실패할 가능성이 높다. 인수자들이 이 점의 중요성을 낮게 평가하는 경우가 종종 있으므로 특히 유념해야 한다. M&A는 회사가 할 수 있는 수만 가지 의사결정 중 가장 큰 규모의 거래에 속한다. 따라서 인수합병을 해야 하는 명확하고 설득력 있는 목적이 꼭 있어야 한다.

## 전략 수립 및
## 인수 대상 선정

목적을 명확히 세웠다면 다음으로 인수 전략을 수립하고 인수 대상을 선정해야 한다. 여기서부터 호락호락한 점이 하나도 없는데 단순 조사로 잠재 후보군을 추리는 건 어렵지 않지만 그 이후부터는 모든 것이 변수라고 보아야 하기 때문이다. 딜을 탐색하는 과정은 앞서 매각 과정에서 이야기했던 것과 동일한 논리로 이해하면 된다. 가장 이상적인 것은 인수자가 획득한 정보를 바탕으로 인수하거나 투자하고 싶은 회사를 직접 찾아 발굴한 후에 상대방 경영진과 주주들을 설득하는 것이다. 이상적이라고 표현한 이유는 그만큼 어렵기 때문이다. 우선 상대방 경영진이 회사를 매각할 의사가 있어야 하고(설득해야 하고) 밸류에이션에 대한 합의점이 존재해야 하는데 먼저 인수하고 싶다고 접근한 만큼 상대방이 높은 밸류에이션을 제안할 가능성이 크다. 그 밖에 자문사나 증권사, 회계법인 등을 통한 탐색도 가능하고 해당 산업의 인맥을 통해 소개받는 방법도 있다. 어쨌든 성공적인 M&A의 첫 단추는 딜 탐색이므로 여기에 많은 노력과 공을 들여야 한다. 이 과정에 자문사를 활용하면 회사 이름을 공개하지 않고 다양한 잠재 매도회사에 태핑해볼 수 있는 장점이 있으니 적절히 활용하면 된다.

특정 섹터의 회사를 탐색하는 방법은 굉장히 다양한데 왕도는 없다고 봐야 한다. 몇 가지 예를 들자면 다양한 회사 정보를 제공하는 사이트나 여러 이해관계자들과의 인터뷰를 통해 회사에 대한 정보를 획득해야 한다. 자문사나 회계법인 등에 공식적으로 의뢰하는 것도 가능한데 아무래도 다양한 기업 데이터베이스를 보유하고 있기 때문에 도움을 받을 수 있다. 매각 희망 기업의 프로

필이 인수 희망 기업의 요구와 일치하는 것이 좋겠지만 이런 일이 쉽게 일어나지는 않기 때문에 꾸준히 에너지를 투입해야 한다.

인수하고자 하는 회사의 경영진과 대면하더라도 처음부터 인수나 딜 이야기를 바로 하는 것은 적절하지 않다. "회사를 매각하려고 합니다"와 "회사를 인수하려고 합니다"는 결이 조금 다르다. 두 경우 모두 시간을 들여 신뢰 관계를 형성한 후에 제안해야 성공 가능성이 높지만 인수를 제안할 때는 특히 중요하며 이를 위해 쿠킹cooking을 먼저 거쳐야 한다. 쿠킹이란 인수 대상 회사와 경영진의 특징을 제대로 살펴보고, 거래 이후 관계를 견고하게 다지기 위한 밑바탕을 까는 과정이다. 그러므로 시간을 두고 인수를 천천히 진행하는 노련함이 필요하다.

인수 전략이 중요한 이유는 결국 얼마나 진정성 있게 제안할 수 있는지와 연결되기 때문이다. 인수자도 매도자를 설득할 때 인수 이후의 사업 구조나 시너지를 전략적으로 제시하기보다 단순히 "인수하고 싶습니다" 하며 접근하면 상대방의 저항심만 유발할 수 있다. 따라서 어떤 전략으로 어떻게 접근할지 깊게 고민해야 한다. 우리는 어떤 회사고, 어떤 영역에 강점이 있고, 어떠한 사업계획을 추진 중이며, 어떤 자본이나 인맥이 확보되어 있으니 이를 잘 활용할 수 있는 파트너로써 접촉하게 되었다는 식으로 접근하는 것이 좋다.

대기업이나 M&A를 잘하기로 이름난 몇몇 기업은 이 관점에서 조금 유리한 포지션에 있다고 볼 수 있다. 아무래도 대기업이나 계열사가 인수를 희망하면 상대방의 매각 의지를 쉽게 끌어낼 수 있을 테고 밸류에이션 협상에서도 대기업이 보유하고 있는 다양한 성장 기회를 바탕으로 내놓을 협상 카드가 많기 때문이다. 인수자는 인수 이후에도 밸류에이션 성장과 시너지 창출에 집중해야 하기 때문에 매도자 측의 기존 경영진이나 주주들과 협상하는 과정에서 잔여 지분에 대한 긍정적인 면과 엑시트 가능성을 논의하게 된다. 이때 아무래도 규모가 크고 유통망이나 인적 네트워크가 명확한 경제적 해자(기업의 높은 진입장벽과 탄탄한 구조적 경쟁우위)를 보유하고 있다면 이를 활용해 설득할 여지가 커진다.

## 태핑과
## 파트너십

인수 과정에 실사는 꼭 포함되지만 실사를 진행했다고 해서 그 회사를 완전히 이해했다고 보기는 어렵다. 실사 환경에 따라 시간에 쫓길 수도 있고 다양한 변수로 회사를 전부 파악하는 것은 불가능하기 때문이다. 정말 인수를 하고 싶더라도 하루아침에 딜이 성사되지 않으므로 조금 긴 호흡으로 대상 회사와 다양한 협업을 진행해보는 것도 전략이 될 수 있다.

실제 중소기업이나 스타트업을 인수할 때 이런 사례가 많다. 앞서 언급한 대로 처음부터 인수 목적으로 접근하지 않고 여러 가지 협업과 파트너십을 통해 상대방 회사의 강점과 성장성을 간접적으로 파악하는 것이다. 그렇게 되면 훨씬 더 좋은 관계로 M&A를 진행할 수도 있고 인수 이후 실패 가능성도 줄일 수 있다. 꼭 프로젝트 협업이나 파트너십이 아니더라도 소액 투자를 진행해보며 서로 호흡을 맞추어보는 것도 많이 활용하는 방식이다. 물론 이 방법은 시간이 많이 걸리고 시간이 들 때마다 변수가 생길 수 있어서 상황에 맞게 결정하면 된다.

이 같은 방식이 부적절하거나 속도감 있게 인수를 직접 제안해야 할 때는 두 가지 주의해야 할 점이 있다. 우선 어떤 전략으로 상대방의 매각 의사를 끌어내며, 자신의 충분한 자본력을 어떻게 보여줄지 고민해야 한다. SI나 FI 모두 유명하고 큰 회사는 아니기 때문에 이 점을 제대로 해소하지 못하면 대상 회사 경영진이나 주주도 소극적인 자세로 딜 논의에 참여할 가능성이 높다. 그러므로 다양한 자본조달 방식과 가능성에 대해 충분한 논의를 거치고 대화를 이어가야 한다. 인수금융(M&A 과정에 필요한 자금을 대출받은 것) 활용 가능성, LP 출자 진행 상황 등을 적절하게 공유하면서 대화를 이어가면 신뢰 구축에 도움이 된다. 가장 중요한 것은 양사 모두 중요한 거래라는 것을 인지하고 진정성 있는 전략과 태도로 대화에 임하는 것이다. 따라서 가능하면 경영진과 긴 호흡으로 여러 차례 이야기를 나누어보는 것이 좋다. 물론 말처럼 쉽지 않겠지만 성공적인 딜을 위한 가장 중요한 초석이 아닐까 싶다.

## 본질을 검토하기 위한
## 실사

긴 논의의 끝에 실사와 협상까지 진행하게 되었다면 서로의 신뢰를 망가뜨리지 않는 선에서 최선을 다해 회사의 강점과 잠재 위험을 파악해 성공적인 인수를 끌어내야 한다. 이 점은 매각을 설명하면서 모두 다루었으니 자세한 내용을 생략하겠지만 꼭 하나 명심할 것이 있다면 '약점을 잡아서 협상력을 키운다'보다는 '이미 인수했다고 생각하고 최대한의 시너지를 찾아낸다'에 방점을 두고 실사와 협상 등을 이끌어가면 인수 성공에 가까워질 수 있다는 사실이다(물론 개인적인 의견이다). 인수한 회사의 PMI<sup>Post-Merger Integration</sup>(M&A 후 통합 관리)나 밸류에이션 성장에 관한 내용은 이 책의 취지를 고려해 넘어가도록 하겠다.

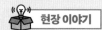
**현장 이야기**

어떤 회사를 인수하고 싶을 때 단독으로 움직이면 분명 한계가 있을 수밖에 없다. 매각 의사가 없는 경영진을 설득하는 것은 매우 번거롭고 시간이 많이 걸리기 때문에 다양한 경로로 파트너사를 많이 두는 것이 좋다.
또한 회계법인, 부티크, FI 등 다양한 채널의 인적 네트워크를 확보하고 회사의 인수 의사를 주기적으로 공유한다면 예상치 못한 딜을 소개받을 수도 있다. 간혹 인수를 추진하려는 의사를 숨겨야 협상에서 우위를 차지할 수 있다고 생각하는 경우도 있지만 그보다는 희망하는 섹터의 매물을 일단 만나는 것이 훨씬 중요하지 않을까?

또한 인수하고 싶은 회사가 있다고 하더라도 어떻게 접근해서 원활한 의사소통을 유도할지 아주 깊게 고민해야 한다. 만나자마자 인수를 제안하는 경우를 몇 차례 본 적이 있는데 그리 효과적인 전략은 아니라고 생각한다. 밸류에이션, 시너지 창출, PMI 전략에 대한 고민은 그 이후에 해도 늦지 않다.

## 엑시트 경험자 인터뷰 3

Q1. 딜과 엑시트에 대해 알고 있었는가? 알고 있었다면 어디서
정보를 얻었는가?

우리 회사가 만든 독특한 서비스 상품 때문에 언론의 관심
을 먼저 받았다. 덕분에 실적도 많이 좋아지고 회사가 주변
에 많이 알려졌다. 창업할 때는 상장하는 것이 목표였다. 시
가총액이 조 단위가 넘는 동종업계 회사가 우리의 목표였는
데 상장을 준비하는 과정에서 주주와 회계처리 문제로 우리
회사는 상장이 어렵다는 것을 깨달았다. 이후 기업 매각을
고려하며 자문사를 선정하면서 다양한 잠재 인수자들과 이
야기를 이어가게 되었다.

Q2. 매각 이후 삶이 어떻게 바뀌었는가?

매각 이전부터 돈과 행복은 크게 관련이 없다는 것을 알고 있었다. 그전에도 돈을 꽤 넉넉하게 벌었기 때문인데, 소득이 얼마를 초과하면 거기서 느낄 수 있는 행복감에 변화가 없다는 말이 맞는 것 같다. 다만 돈을 애매하게 벌 때와는 달리 남의 눈치를 보지 않고 살아도 된다는 점은 좋았던 것 같다.

Q3. 다시 돌아가도 매각을 선택할 것인가? 또 매각 이후에 어떤 장단점이 있었는가?

잘 모르겠다. 매각했다고 꼭 엄청나게 행복하고 만족스러웠던 것 같지도 않고, 그렇다고 계속 그 기업을 경영한다고 내가 더 행복하게 살았을 것 같지도 않다. 어차피 미래는 아무도 모르지 않는가.

Q4. M&A 성공에 어떤 것들이 가장 중요하다고 생각하는가?

가장 중요한 것은 무엇인지 모르겠지만, 일단 회계 관리는 제대로 되어 있어야 한다. 우리 회사는 매각과 상장 모두 고려했다가 창업 초기부터 회계나 세무를 제대로 관리하지 못해 선택할 수 있는 가짓수가 제한되었다. M&A 성사에는 여러 가지가 중요하겠지만 내 경험으로는 회계나 수치에 대한 신뢰가 떨어지면 모든 가능성이 줄어들었다.

Q5. 딜 과정에서 특히 기억에 남는 일이 있었는가?

상대방의 실사를 받는 것이 생각보다 많이 귀찮고 힘들었다. 이해되긴 하지만 M&A는 앞으로 같이 잘해보자는 것인데 몇 년 전 자료까지 깊이 분석하니 '그것까지 굳이 알 필요가 있나' 하는 생각이 많이 들었다. 전문가들이 하는 일이라 그러려니 했지만 자료 대응 과정은 상당히 번거롭고 힘들었다.

Q6. 밸류에이션은 어떻게 결정되었고, 어떤 문제가 있었는가?

당시 상장되어 있던 가장 큰 동종업계 회사의 PER(주가수익률)를 고려해 평가했던 것으로 기억한다. 그러나 회사 규모 차이가 커서 이에 대한 할인까지 고려했었던 것 같다. 정확한 밸류에이션 과정은 전문가가 진행해서 잘 기억나지 않지만 어쨌든 우리 회사가 수백억 원으로 평가되는 게 조금 신기하기는 했다.

Q7. 딜은 누가 주관했으며 어떤 것들이 도움이 되었는가? 또 기억에 남는 일화가 있는가?

특별한 일화는 없었고 마지막 계약서 검토 단계에서 변호사의 도움을 받았다. 자세한 내용은 기억나지 않지만 계약서 조항 중에 주의 사항에 대한 설명을 들었고 내 의견을 전달했다.

Q8. 실사에 대응할 때 힘든 점이 있었는가?

나와 회계 담당자 모두 상당히 피곤했던 기억밖에 없다.


Q9. 과거로 돌아간다면 무엇을 미리 준비했을까?

초기부터 법적, 회계적 요소를 모두 깔끔하게 정리하면서 사업을 키워갈 것이다. 밸류에이션까지는 모르겠지만 실사 대응 때 고생했던 이유가 이것들이 제대로 갖추어져 있지 않았기 때문이다.


Q10.현재 근황은 어떠한가?

후배 창업자들을 돕거나 투자해주고 있다. 내가 사업을 직접 할 여력은 없고 그저 능력 있는 후배들이 잘 성장하는 데 조금이라도 도움이 되면 좋겠다.


Q11.마지막으로, 엑시트를 원하는 경영자에게 하고 싶은 말이 있다면?

내가 뭐라고 다른 경영진한테 조언을 할 수 있겠나. 열심히 사업하다 보면 돈을 벌 수 있는 기회가 자연스레 오지 않을까 싶다.

# EXITBIBLE

★

4장

# 엑시트의 핵심은
# 가격이다

# 거래의 시작과 끝,
# 가격

거래에 가격보다 중요한 것이 있을까? 간혹 시장의 일반적인 시선과 가격 차이가 큰 딜도 있는데 이는 거래에 참여한 당사자가 나름대로 고심한 전략의 결과다. 원래 딜에 정답은 없지만 그중에 가장 답을 찾기 어려운 것이 가격이라고 생각한다. 굳이 밸류에이션의 중요성을 더 설명할 필요는 없을 것 같고 여기서는 딜시장의 밸류에이션 설정 과정과 특이 사항, 밸류에이션이 자본시장 및 딜 시장과 연결되는 과정, 그리고 M&A에 투자유치 같은 매우 높은 밸류에이션이 잘 적용되지 않는 이유 등을 하나하나 살펴보자.

밸류에이션에 대해서 어려운 전문적인 내용은 담아내지 못했으나, 경영자라면 이해가 필요한 영역은 일부 담았다. 최소한 이 정도는 알아두면 좋을 것이다.

## 주주가치, 채권자가치, 기업가치, 주식가치 등

딜은 기본적으로 주식을 거래하는 행위다. 그러므로 기업가치뿐만 아니라 주주가치 개념도 명확하게 이해해야 한다.

### 기업가치 = 주주가치 + 채권자가치

기업이 보유하고 있는 자산은 주주 또는 채권자 중 하나가 소유권을 갖고 있다. 회계의 차변을 구성하는 '자산'에 대응되는 대변의 구성 항목이 '부채 = 채권자의 몫'과 '자본 = 주주의 몫'으로 이루어진 것도 동일한 맥락이다. 그래서 채권자가 보유한 가치의 합계와 주주가 보유한 가치(주가)의 합계가 기업가치가 된다. 기업이 보유한 다양한 자산을 누가 얼마나 소유하고 있는지에 따라 기업가치를 산정하는 논리다.

대표적인 부동산 자산인 아파트를 생각하면 조금 더 수월하게 이해할 수 있다. 기업가치는 아파트의 전체 가격을 의미하고 채권자가치는 전세보증금 또는 은행 빚, 그리고 주주가치는 아파트 주인이 순수하게 투자한 자기자본과 유사하다고 보면 된다.

## 기업가치 = 영업가치 + 비영업자산의 가치

기업은 고유의 영업활동을 통해 이익과 현금흐름을 창출하거나 동일한 관점의 미래를 기대하며 다양한 경영활동을 수행한다. 기업이 본연의 경영활동을 통해 현재 벌어들이고 있거나 미래에 벌어들일 경제적 효익의 가치를 영업가치라고 한다.

반면에 앞서 설명한 대로 기업은 영업활동과 무관한 자산들도 많이 보유하고 있다. 실제로 경영활동에 사용되지 않는 투자부동산, 펀드 및 보험 등 금융자산 투자액 등은 영업에 활용되지 않지만 그 자체로 자산적 가치를 지니고 있다. 정리하자면, 기업이 보유하고 있는 자산 중에 영업활동 관련성을 기준으로 기업가치를 산정한다고 보면 된다.

## 주주가치 = 영업가치 + 비영업자산의 가치 - 채권자가치

첫 두 공식을 응용하면 주주가치(주식가치)는 이같이 정리된다. 우리가 흔히 '주식가격'이라고 부르는 것은 주주가치가 되고, 이는 그 기업의 영업가치와 비영업자산의 가치를 더한 값에서 채권자가치를 차감한 값이 된다는 공식이다. 첫 두 공식을 토대로 계산하면 너무 당연한 결괏값이지만 기업가치와 주주가치 차이는 대다수 사람이 혼란스러워하는 개념이기 때문에 이렇게 정리하면 깔끔하게 이해할 수 있다.

일반적으로 비영업자산의 가치나 채권자가치는 계산하기 어렵지 않다. 시장에 시가가 존재할 때가 많고, 또 그 자체로 현금성

자산이라 화폐가치로 표현되는 자산이 많기 때문이다. 결국 문제
는 영업가치를 어떻게 결정하느냐는 것인데 이에 대해 하나하나
짚어가는 과정이 모두 밸류에이션 방법론과 연결되어 있다.

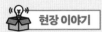 현장 이야기

헷갈리기 쉬운 개념들이지만 특히 이 두 가지가 중요하니 꼭
기억하자. 첫째, 회사의 주식을 매각할 때 내가 받는 돈은 주
주가치나 주식가치이며 기업가치가 아니다(기업가치와 주식가
치는 동일한 개념이 아니다). 둘째, 주식과 경영권을 매각하면 기
업이 보유하고 있던 현금, 재고와 부채까지 이관된다(회사가
보유하고 있는 현금을 내가 가지고 가지 않는다). 물론 회사가 기존
에 보유한 현금과 기타 자산을 가격에 어떻게 반영해서 딜을
마무리할지는 협상 과정에서 논의하는 경우가 많다.

# 비상장 주식의
# 일반적인 평가 방식

사실 비상장 주식에 적정한 거래가격은 없다. 변수가 없진 않지만 대체로 매수자와 매도자가 서로 합의하면 그것으로 가격이 결정되기 때문이다.

특히 비상장 주식처럼 거래가 거의 발생하지 않는 자산의 거래는 더더욱 그러하다. 그런데 '알아서 협상으로 풀어갈 문제'라고 단순히 정의하고 넘어가기에는 너무 큰돈이 오가는 거래다. 따라서 몇 가지 가치평가 방식이 존재하며 그중 일반적인 것은 다음과 같다.

# 비상장 주식
# 가치평가 방식

## 매매사례가액

만약 딜 이전에 다른 주주가 주식거래를 했다면 이를 매매사례가
액이라 한다. 아무래도 같은 회사에 대한 다른 주주의 거래 사례
를 참고해서 주식가격을 산정하므로 상대적으로 거래가격을 쉽
게 결정할 수 있다. 즉 과거 매매사례가액은 충분히 의미 있는 기
준점이 된다.

## 투자유치 관점에서의 기업가치

매각이 아닌 투자유치 목적이라고 해도 과거 거래 내역이 있다면
참고할 만하다. 거래 대상이 구주냐 신주냐에 따라 달라질 수도
있지만 근본적으로 같은 회사의 주식이기 때문에 비상장 주식 거
래의 기준점이 될 수 있는 것이다. 다만 투자유치 밸류에이션에
는 창업자의 근속과 성장에 대한 가치가 포함되어 있으므로 이러
한 사실관계를 적절히 고려해야 한다.

## 제3자 밸류에이션

객관적인 제3자(회계법인, 딜 자문사 등)가 주식가치를 평가할 수
도 있다. 평가 방법은 다양하지만 '이 기업의 적당한 가치는 얼
마인가?'의 답을 찾아가는 과정이라는 점에서 지향하는 바가 동

일하다. 재무제표, 미래 현금흐름 추정치, 유사한 기업의 PER, EBITDA 멀티플 등 시장에는 다양한 주식가치평가 방식이 존재하고 객관적인 제3자가 이를 수행할 수 있다. 가장 대표적인 두 가지 방법은 다음 장에서 소개하겠다.

## 국세청 주식가치평가 방식

국세청이 정한 주식가치평가 방식이 있다. 즉 거래가 거의 일어나지 않는 비상장 주식에 대해 주식가치를 계산하는 명확한 공식을 마련했으며 이 공식에 대입하면 주식가치가 나온다. 비상장 법인을 운영하는 경영자들이 가장 흔하게 접할 수 있는 주식가치평가 방식으로 세법상 평가 방식이기도 하다. 국세청의 주식가치평가는 증여와 상속 관점에서 중요하며 이 결과로 딜을 하는 경우는 특수한 사례를 제외하면 거의 없기 때문에 이러한 방법이 있다는 것 정도만 알아두면 된다.

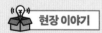
**현장 이야기**

주주가 많아지면 비상장 주식의 가치평가 방식이 더 복잡해질 수 있다. 모든 주주의 주식거래를 통제할 수 없을뿐더러 앞서 설명한 구조를 모두 이해하고 거래할 리 없기 때문이다. 상장 전에 주주가 급격히 많아질 때는 보통 두 가지인데 회사나 상장 주관 증권사가 상장을 준비하면서 불특정 다수를 상대로 주식 마케팅을 하는 경우와 기관 투자자나 유의미한 지분을 보유한 투자자 중 일부가 본인의 엑시트를 위해 다양한 경로로 소액 주주들에게 본인 주식을 분산 매각하는 경우다.

전자는 회사나 경영자가 의도한 방식의 거래일 가능성이 높지만 후자는 그렇지 않을 가능성도 있기 때문에 최초 주주 구성 당시에 이런 문제가 발생할 수 있음을 인지해야 한다. 주식이 무서운 이유 중 하나는 최초에는 내가 원하는 사람들 위주로 신주, 구주를 거래할 수 있지만 일정 시점 이후에는 내가 전혀 모르는 소액 주주들에게도 자사 주식이 거래될 수 있다는 점이다. 이 부분은 향후 엑시트 가능성과도 연관되므로 상장이 아닌 M&A 방식의 딜을 염두에 두는 경영자라면 반드시 기억해야 한다.

# 가장 많이 활용되는
# 두 가지 밸류에이션

## 옆집의 가치는
## 얼마인가?

딜 시장에 참여하려면 우리 기업이 얼마의 가치로 거래될 가능성이 있는지 사전에 어느 정도 파악하는 것이 당연히 중요하다. 시장에는 기업가치를 산정하는 나름의 계산 방식, 즉 밸류에이션 방법론이 존재한다. 대학에서 배우는 기업재무관리 교재에는 많은 밸류에이션 방법론이 등장하는데 딜 실무에 적용하는 밸류에이션 방법은 생각보다 간단하다.

가장 많이 활용되는 밸류에이션 방법론은 EBITDA 멀티플이다. 기업이 창출하고 있는 EBITDA를 계산한 후 산업, 업종, 시장 상황, 유사 거래를 비교해 특정 배수를 멀티플로 곱한 값을 기업가치로 평가하는 방식이다. 예를 들어 EBITDA가 100억 원인 회사의 기업가치가 1,000억 원이라면 멀티플은 10배가 된다. EBITDA는 재무제표를 활용하면 어렵지 않게 계산할 수 있다. 결국 밸류에이션의 관건은 멀티플을 어떻게 적용하는지에 달려 있다. 이렇게 멀티플을 적용하는 방식의 밸류에이션을 상대가치평가라 부르는데 이에 대해 조금 더 구체적으로 살펴보자.

"우리 집의 가치는 옆집의 가치와 비슷하다." 상대가치평가(시장가치평가법) 방법론의 한 줄 요약이다. 상대가치평가는 굉장히 직관적이고 합리적인 방법이라서 상장, 투자, M&A 등 실무에서 가장 많이 사용되고 있다. 다만 비교 대상이 무엇이냐에 따라 상대가치평가 방식이 다양하게 적용된다.

한창 부동산 가격이 뜨거울 때 특정 아파트 단지의 가격 담합 뉴스를 접해본 적이 있을 것이다. 모두 상대가치평가를 밸류에이션 방법으로 합의하고 있기 때문에 발생하는 현상이다. 부동산의 가치를 결정할 때 가장 직관적인 것은 바로 옆집의 가치이기 때문이다.

다시 기업 이야기로 돌아오자. 전 세계를 통틀어 유일무이한 업종을 영위하는 기업은 거의 없다. 잘 찾아보면 동종업계나 유사한 업계에서 사업을 하는 '비교 대상 회사'가 반드시 존재한다. 이들의 가치를 참고해 밸류에이션을 하는 것이 상대가치평가의 핵심이다.

상장 시 고평가 공모 논란이 불거진 사례는 워낙 많지만 그중 대표적인 사례였던 게임 개발사 크래프톤$^{Krafton}$을 이 맥락으로 이해해보자. 크래프톤의 공모가 산정 계산 방식은 간단했다. 예상 당기순이익(1분기 지배주주순이익의 4배를 적용해 예상 연간 당기순이익을 추정)에 비교 대상 회사들의 PER를 곱한 것이다. PER는 주식 가치를 당기순이익으로 나눈 결괏값이므로 예상 당기순이익을 구하고 비교 대상 회사들의 배수만큼 곱해 공모가를 산정한 것이다. 그런데 왜 고평가 논란에 휘말리고 결국 공모가를 조정할 수밖에 없었을까?

크게 두 가지 이유가 있다. 우선 1분기 순이익에 단순 4배를 적용한 점이 논란의 여지가 있었다. 전년도에 이미 1분기 순이익 대비 2~4분기 순이익이 감소했기 때문이다. 또 다른 문제는 비교 대상 회사들을 선정할 때 게임 산업과 관련성이 떨어지면서 PER가 높은 디즈니, 워너뮤직 등을 멀티플 비교 그룹으로 포함한 것이다. 결국 논란이 커져 금융감독원의 지적을 받았고 최종 공모가를 산정할 때는 문제가 된 회사들을 비교 그룹에서 제외했다. 아파트로 비교하자면 외곽 지역 평당 단가를 적용해야 하는 밸류에이션에 서울 강남의 평당 단가를 적용한 것이다.

이처럼 딜 시장에서 기업가치를 산정할 때 가장 중요한 것은 유사한 산업이나 업종의 다른 기업들이 어떻게 평가되고 있는지를 파악하는 것이다. 그렇기 때문에 주식시장이나 자본시장의 분위기에 따라 딜 밸류에이션 흐름도 달라진다. 많은 FI, SI 투자자들이 유사한 업종의 딜이 언제, 어떻게, 몇 배로 진행되었는지 폭넓게 탐색하는 이유도 여기에 있다.

전통적으로 영업이익, EBITDA, 당기순이익, 매출 등을 상대지표로 사용해왔는데 최근에는 상대평가 기준이 굉장히 다양해지고 있다는 점도 알아두면 좋다. 대부분의 공룡 스타트업들은 조금 색다른 기준을 활용해 상대가치평가 밸류에이션을 적용하고 있으며 업계에서는 이를 '뉴밸류에이션'이라 부르기도 한다. 예를 들어 이커머스 기업의 총거래액, 평균 거래액 재구매 수치, 배달대행 기업의 배달 건수, 충성 고객 및 회원 수, 확보된 주요 데이터 양 등이 밸류에이션의 상대평가 지표가 된다.

쿠팡으로 설명을 이어가보자면 쿠팡 밸류에이션의 근거는 꾸준히 증가하는 총거래액, 평균 거래액, 재구매 수치 등에서 찾을 수 있다. 이를 활용해 유사 이머커스 기업의 기업가치평가에 적용하는 것이다. 즉 유사기업의 현재 이익과 현금흐름뿐만 아니라 총거래액, 재구매 비율, 주요 소비자 연령대 등을 쿠팡의 해당 수치와 비교해 상대적인 밸류에이션을 수행하는 것이 뉴밸류에이션 방식이다. 여기서는 거래액, 재구매 수치, 주요 연령대 등이 당장의 이익보다 더 중요한 밸류에이션 산정 기준이 된다고 여긴다. 야놀자의 10조 원 밸류에이션에도 이러한 관점이 내재되어 있다.

모든 상대가치평가의 본질은 유사하다. 기준이 되는 지표를 무엇으로 정할 것이냐의(매출, 영업이익, 당기순이익, EBITDA, 거래액, 재구매 수치 등) 차이일 뿐이다. 다만 뉴밸류에이션의 기준 지표들은 대부분 내부 기밀 정보이므로 정보 획득에 한계가 있고, 최근 자본시장의 기조가 변하면서 뉴밸류에이션이 과연 신뢰할 수 있고 지속 가능한 밸류에이션 방법인지에 대해 다양한 의견이 나오고 있다.

## 이론적으로 가장 우수한 밸류에이션

이론적으로 가장 우수한 방법이라 평가되는 밸류에이션은 DCF^Discounted Cash Flow(현금흐름할인법)다. 이것은 기업이 창출할 미래의 현금흐름을 추정하고 해당 현금흐름에 기업과 시장의 위험 요소, 주주의 자본비용, 차입금 금융비용 등을 고려해 현재 가치로 평가해 기업가치를 산정하는 방식이다. 다양한 추정이 개입되는 밸류에이션이기 때문에 상대가치평가 멀티플 방식보다 덜 사용되지만 여러 상황에서 다양한 목적으로 활용된다.

우선 멀티플로 산정된 상대평가 기업가치가 얼마나 합리적인지 검증하는 도구로도 활용되고, 현재 기업 구조보다 미래 성장 이후 기업가치를 산정하는 것이 합리적일 때도 자주 사용된다. 예를 들어 잠재 인수자가 해당 기업을 인수해 공격적인 확장 전략을 펼친다고 해보자. 이때는 회사가 당장 벌어들이는 현금흐름보다 확장 이후의 현금흐름이 더 중요하기 때문에 종종 DCF 방식을 적용한다. 이렇듯 DCF는 SI 투자자들이 시너지 창출 효과까지 고려해 기업가치를 평가할 때 자주 활용하곤 한다. DCF를 이론적으로 설명하기 위해서는 미래 현금흐름 분석부터 할인율과 리스크 프리미엄(위험을 감수한 대가로 얻는 보상)까지 전문적인 내용을 다루어야 하므로 여기서는 이 정도만 알아두어도 충분하다. 핵심은 미래의 현금흐름을 추정해 이를 현재 가치평가에 활용한다는 것이다.

물론 이런 밸류에이션은 전문가 자문을 받아야 구체적인 범위를 산정할 수 있다. 특히 딜 시장에서 오가는 밸류에이션은 나름의 정답이 존재하는 세법 방식 평가처럼 간단하지 않기 때문에 꽤 많은 시간과 자원이 소모된다.

**현장 이야기**

M&A 현장에서는 상대가치평가 방식이 더 많이 사용되고 투자시장에서는 상대가치와 DCF를 적절히 혼용하는 편이다. 가치평가가 어려운 영역의 회사(예컨대 너무 초기 회사거나 사업 모델이 독특한 회사)는 DCF를 활용하는 경우가 많지만, 세상에 존재하는 거의 모든 회사는 비교군이나 유사 사례가 있다. 국내

에 없다면 해외에서 충분히 찾을 수 있다.

다만 단순히 유사 업종이라고 동일한 멀티플을 그대로 적용하면 설득력이 떨어진다. 즉 유사 업종이나 비슷한 사업 모델을 영위하는 밸류에이션 멀티플 사례를 분석하되 회사마다 나름의 이유를 잘 찾아내는 것이 중요하다. 물론 그 이유는 회사의 강점이나 약점 같은 내부 요인일 수도 있고 거시경제 같은 외부 요인일 수도 있다.

부동산도 인테리어를 제대로 한 아파트가 더 비싸듯이, 기업도 특별히 더 비싸거나 싼 이유를 명확하게 찾아낼 수 있어야 한다. 같은 업종이라고 하더라도 어떤 기업의 멀티플은 20이고 다른 기업은 5일 때가 있다. 그 핵심 이유가 무엇이며 그 안에서 우리 기업은 어떤 멀티플을 적용해야 합리적일지, 더 나아가 자사의 멀티플을 어떻게 확장할 수 있는지를 종합적으로 이해할 수 있어야 한다.

# 멀티플이란
# 무엇인가?

딜 가격의 핵심인 멀티플은 딜 시장에서 많이 사용되는 단어다. 그렇게 중요한 개념임에도 불구하고 멀티플은 어려운 개념이다. 왜 어려운지, 멀티플을 결정하는 요소가 무엇인지 정리해보자.

## 멀티플을 결정하는
## 요소들

### 유행

주식시장은 지금 이 순간도 움직이고 있고 주가가 움직이면 그

주가의 실적과 연동되는 멀티플도 매순간 변한다. 상장시장의 주식만큼은 아니더라도 비상장시장의 멀티플도 변한다.

한때 F&B 업종이 M&A 시장에서 최소 4~5배의 멀티플이 당연시되고 10배의 멀티플까지 인정받던 시기도 있었다. 즉 멀티플은 주식시장, 거시경제 상황과 전망, 딜 시장 참여자의 선호도에 따라 유행처럼 움직인다. 유행을 타면 멀티플이 높아지기도 하고 유행이 지나면 허무하게 줄어들기도 한다. 멀티플도 결국 타이밍이다.

## 규모의 경제

규모의 경제라는 경제학 용어는 이제 우리에게 익숙할 것이다. 앞서 딜 시장의 참여자는 규모가 큰 딜을 좋아한다고 설명했다. 이러한 시장 참여자의 규모에 대한 선호도가 멀티플 차이를 만들어낸다. 상대적으로 동종업계 1~2위를 차지하는 기업은 규모의 경제를 실현하기 좋은 위치에 있고 이러한 경쟁력이 좋은 멀티플로 반영되기 마련이다. 유사 업종의 주가를 비교하는 과정에 업계 1위의 기업가치가 상대적으로 더 좋은 경우가 많은데 이 역시 규모의 경제가 어느 정도 반영된 결과라고 보면 된다.

## 유동성

흔히 '유동성이 좋은 자산'이라고 표현하는데 이는 현금화가 쉬운 자산이라는 뜻이다. 당연히 유동성이 좋은 자산이 더 좋은 평가와 멀티플을 적용받을 수 있다. 투자시장은 돈이 흐르는 시장이다. 돈의 흐름은 언제든 바뀔 수 있기 때문에 그 흐름에 유연한 자산이 더 좋은 평가를 받는 것은 당연한 이치다. 그런 관점에서 유동성이 좋은 상장 주식이 유동성이 제한된 비상장 주식보다 조금 더 높은 평가를 받는 편이다.

물론 투자유치 과정의 밸류에이션은 상장시장의 기업가치보다 더 높게 평가되는 경우도 많다. 따라서 여기서 이야기하는 유동성과 밸류에이션, 멀티플의 개념은 구주 관점의 딜에서 적용되는 것으로만 한정했다.

## 진입장벽과 경쟁력

펀더멘털을 중시하는 딜 시장에서 가장 좋아하는 단어가 바로 진입장벽이다. 남들이 쉽게 따라 할 수 없는 사업 모델은 그 자체로 미래 수익까지 담보할 수 있기 때문에 높은 기업가치의 좋은 재료가 된다. 워런 버핏Warren Buffet이 이야기한 경제적 해자와도 유사한 개념으로 이 기업이 얼마나 안정적이며 미래가 기대되는지 단번에 드러낸다. 물론 그만큼 구축하기가 어렵기 때문에 이를 구축해놓은 기업들에는 높은 멀티플이 적용된다.

유사한 개념으로 해당 기업의 점유율이 얼마나 높으며 어떤 기술 경쟁력을 보유하고 있는지도 중요하다. 높은 점유율이 강점이라면 그 점유율에는 반드시 이유가 있기 마련이고 그것이 높은 멀티플의 근거가 된다.

## 다양성과 안정성

하나의 제품과 서비스를 하나의 매입처와 매출처로 제공하는 회사가 있다면 당연히 그 기업의 안정성이 의심스러울 수밖에 없다. 해당 기업이 소수의 거래처나 고객에게 얼마나 좌지우지되는지는 보유 중인 브랜드·제품·서비스 수, 고객군 종류, 생산 경로 수 등으로 가늠할 수 있다. 다양성은 결국 안정성과 연결되기 때문이다.

물론 중소기업은 하나의 제품과 서비스라도 제대로 공급하는 게 힘들겠지만 높은 기업가치를 달성하려면 이에 대해 반드시 고민해야 한다. 아무리 매출이 많이 증가한다고 하더라도 특정 업체와의 갈등으로 생산에 차질이 빚어진다면 증가하는 매출을 따라갈 수 없을 테고, 이런 위험 요소를 어떻게 헷지하느냐에 따라 멀티플이 결정된다. 이러한 이유로 대기업이나 중견기업들은 밸류체인을 하나로 통합하는 M&A를 하기도 한다.

## 기대감과 성장 가능성

테슬라의 멀티플이 한때 수백 배까지 오르던 시절이 있었다. 그 시절 테슬라 밸류에이션 상승에는 여러 가지 이유가 있겠지만 한 단어로 정의하자면 '기대감'이라고 할 수 있겠다. 테슬라가 단순한 전기차 회사를 넘어서 새로운 전자기기 시대를 이끌어간다는 기대감은 엄청난 성장 가능성을 의미하기도 했다. 즉 기대감은 다른 멀티플 기대 요소들보다도 강력한 효과를 만들어낼 수 있다.

이렇듯 주식시장에서는 기대감과 성장 가능성만으로 주가가 크게 오르락내리락하지만 M&A 시장은 조금 결이 다르다. M&A 시장은 전문가들, 특히나 펀더멘털을 중시하는 가치투자자들이 대부분의 의사결정에 참여하기 때문에 단순히 기대감만으로 엄청난 멀티플을 받는 것은 쉽지 않은 일이다. 그럼에도 기대감과 성장 가능성이 멀티플을 결정하는 중요한 요소임은 부인할 수 없다.

## 지속 가능성

앞서 나온 요소들과 비슷한 맥락이나 어쨌든 지속 가능성은 꽤 중요한 멀티플 결정 요소다. 몇십 년 이어온 기업이 앞으로도 지속할 가능성이 높다면 당연히 멀티플이 높아진다. 반면 설립한 지 얼마 되지 않은 기업이면서 지속 가능성마저 담보하기 어렵다면 멀티플이 낮아진다.

물론 멀티플에 정답은 없기 때문에 업력이 짧더라도 폭발적인 성장세를 보여주고 있다면 기대감이 지속 가능성에 대한 우려를 압도해서 멀티플이 높게 결정되는 경우도 있다. 이 또한 펀더멘털과 직결되는 개념이다. 단순히 매출액이 문제가 아니라 이 매출이 어디서 어떻게 발생했는지가 지속 가능성을 결정하며 이를 강하게 어필할수록 멀티플은 높아진다.

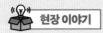

이익률, 현금 창출력, CAPEX 투자 필요성 등도 밸류에이션 멀티플에 영향을 미친다. 이미 눈치챘겠지만 여기서 언급하지 않은 요소들도 멀티플에 반영된다. 즉 멀티플에 정답은 없다. 따라서 다양한 요소를 복합적으로 고려하면서도 이를 거래 상대방에게 설득할 수 있어야 진정한 밸류에이션의 완성이라고 할 수 있다.

# 경영자가 알고 있는 이익은 틀렸을 가능성이 높다

거듭 강조하지만 숫자는 딜 세계의 언어다. 그래서 상담을 하다 보면 매출, 이익 같은 수치들을 자연스레 언급하게 되는데 실상 중소기업 경영자가 알고 있는 이익은 틀렸을 가능성이 매우 높다. 경영자가 생각하지 못한 비용들(그래서 아직 재무제표에 제대로 반영되지 않은 비용)이 곳곳에 숨어 있기 때문이다. 매출과 이익 그리고 현금흐름 수치는 기업가치에도 직접적인 영향을 미치므로 숨어 있는 비용들도 잘 고려해야 한다.

앞서 설명했듯 아직 지급하지 않았지만 사실상 지급해야 할 의무가 있는 것을 부채라고 한다. 부채는 꼭 은행 차입금만 의미하지 않는다. 다음 달에 지급해야 할 사무실 임대료도 이미 비용으로 처리되고 있고 언젠가 퇴사할 직원의 퇴직금도 재무제표 비용으로 처리해야 한다. 지급일이 아직일 뿐 언젠가는 반드시 나가야 하는 돈이기 때문이다. 실사를 할 때 비용과 부채 측면에서 언급했던 것과 동일한 논리다.

또 현금 지출은 없지만 비용으로 처리되는 항목들도 있다. 과거에 구매한 유무형 자산의 감가상각비, 받을 줄 알았는데 그러지 못한 대손상각비, 창고에 쌓여 있는 부진 재고와 관련된 재고손실 등이 대표적이다. 경영자가 파악하기 어려운 이러한 숨은 비용들이 재무제표에 등장하면 예상했던 것보다 이익이 낮아진다.

그럼에도 일반적인 중소기업 경영자들은 지출된 현금을 기반으로 비용을 측정하는 경향이 많다. 회계사인 나도 회사를 경영할 때 그러한 면이 없지 않아서 중소기업 경영자의 어려움을 충분히 공감한다. 아직 입금되지 않았지만 계약이 확정된 매출은 수익으로 처리하는 것처럼 반대급부도 고려해야 하는데 말처럼 쉽지 않다. "우리 회사 이익률이 원래 20%인데 이상하게 외부에서 정리하면 10% 밖에 안되더라구요. 비용들 중에 안 나가도 되는 비용들도 있습니다. 실질적인 이익률은 20% 정도 됩니다"라고 이야기하지만 사실 10%가 맞을 가능성이 훨씬 높은 것이다.

어쨌든 딜 관점에서는 경영자도 조금 냉정한 시선으로 본인 회사를 바라볼 수 있어야 한다. 결국 밸류에이션은 회사의 경영실적과 떼려야 뗄 수 없는데 이 같은 항목이 많을 수 있으므로 이를 충분히 감안해야 한다.

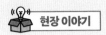 

경영자들이 말한 이익 그대로가 회사 재무제표에 제대로 반영되어 있는 회사를 만나면 오히려 반갑다. 대표가 재무제표를 제대로 관리하고 있다면 다른 것도 체계적으로 관리하고 있을 가능성이 높기 때문이다.

실제로 재무제표를 정리하는 데 오래 걸리는 회사, 이익의 시점 차이가 큰 회사는 다른 자료를 정리하는 데도 시간이 많이 걸리는 편이었다. 반면 재무제표를 잘 관리하는 회사는 다른 자료도 세밀하게 관리하고 있는 경우가 많았다.

경영자는 반드시 본인 회사의 재무제표와 매출 자료 등을 객관적이고 냉정하게 바라볼 필요가 있다. 혼자 사업할 때는 상관없겠지만 누군가와 거래를 시작할 때는 객관적인 시각의 전문가들이 눈에 불을 켜고 대기하고 있기 때문이다.

또한 앞서 3장 실사에서 언급했듯이, 딜은 기업의 실질적인 가치를 찾아가는 과정이 굉장히 중요하기 때문에 단순 신고된 재무제표보다는 몇 가지 조정이 반영된 재무제표를 기준으로 기업가치를 평가한다.

# 저 회사가
# 500억 원이라고?

'주식을 얼마의 밸류에이션으로 매각했다'와 '주식을 얼마의 밸류에이션으로 투자를 받았다'를 유사한 거래로 이해하는 경우가 종종 있는데(개념을 명확하게 구분하지 않고 혼용하는 기사가 많다) 정확히 표현하면 완전히 다른 거래다.

경영진이 직접 회사를 성장시키겠다는 전략이 전제된 '투자유치 밸류에이션'은 미래에 초점이 맞추어져 있다. 즉 투자자에게 투자를 받은 이후 기업가치를 어떻게 키워갈지 설득하고 미래에 기반해 평가한 현재 밸류에이션을 제안하는 것이다. 신생 기업이 투자유치를 할 때나 일정 수준 무르익은 기업이 IPO를 할 때 적용되는 밸류에이션이다.

경영진의 엑시트가 전제된 '엑시트 밸류에이션'은 이와 다르다. 엑시트는 글자 그대로 출구 전략이기 때문에 경영진의 능력과 미래 비전보다는 기업이 현재까지 만들어낸 산출물에 초점을 맞추어 밸류에이션을 산정한다.

즉 경영진마다 의도나 처한 상황이 다르고 주식 평가의 전제도 다르기 때문에 밸류에이션에도 차이가 날 수밖에 없다. 물론 이에 대한 정답은 없으며 기존 경영자의 능력과 영향력, 인수자의 향후 전략, 경영권 프리미엄을 바라보는 시각 등에 따라 달라진다. 그러므로 단순히 자사와 유사한 회사가 얼마에 평가되었다는 소식에 흔들릴 필요가 없다(하물며 유사한 업종과 규모의 상장사도 기업가치와 멀티플이 천차만별이다). 딜의 전제와 조건, 그리고 인수자의 시선은 거래 당사자들만 정확히 알 수 있다. 그리고 실제 딜 구조와 다른 내용을 실은 기사도 많기 때문에 정확한 정보에 기반해 판단해야 한다.

 **현장 이야기**

딜을 소개한 언론 기사에서 생각보다 수치 오류가 많이 발생한다. 딜 특성상 구주 거래, 신주 거래, 기업가치, 밸류에이션 외 딜의 상세 옵션 조건 등은 대외비인 경우가 많기 때문이다. 그래서 이것들이 뒤죽박죽 섞여서 기사화되는 경우도 많다.

예를 들어 구주 거래와 신주 거래를 모두 합해 300억 원의(구주 100억 원, 신주 200억 원) 딜이 진행되더라도 기사에는 300억 원에 매각되었다고 나오기도 한다. 게다가 주주 간 계약서의 아주 민감한 요소들(콜옵션, 풋옵션, 언아웃 조건, 대표이사 락업 기간, 후순위 재투자 조건 등)은 기사에 상세하게 공개되기 어렵다. 그래서 업계 소식이나 수치 정보는 선별적으로 받아들일 필요가 있다. 특히 투자유치 기사는 홍보 효과를 목적으로 하는 것도 많아서 그 안의 수치와 밸류에이션을 추가 검토해야 하는 경우가 제법 많다.

# 멀티플을 좌우하는
# 주관적인 시선

앞서 언급한 밸류에이션 방법론 중에 인간의 주관과 추정이 가장 많이 개입되는 것은 DCF다. EBITDA 멀티플도 멀티플을 얼마로 적용할지 주관이 개입되긴 하지만 일반적으로 시장에서는 산업마다 어느 정도 조건이 정해져 있어서 멀티플을 이례적으로 적용하기 쉽지 않다.

그러나 DCF는 다르다. 회사의 미래 현금흐름을 추정하는 것이 DCF의 기본인데 누구에게 인수되거나 투자받느냐에 따라 미래 현금흐름이 상당히 달라질 가능성이 높다. 즉 매각이나 투자가 없을 때와 비교해 거래 상대방의 전략적 지원이 예상되면 미래 현금흐름 예측치가 크게 증가하고 이는 자연스럽게 밸류에이션 결괏값에도 반영된다.

그렇기 때문에 거래 상대방이 누구냐에 따라 회사의 기업가치와 딜 거래금액이 크게 달라질 수 있음을 이해해야 한다. 물론 시너지 효과 평가 방식은 당사자들이 잘 협의해야 하지만 보통 이러한 점 때문에 단순한 멀티플 방식이 아니라 별도의 기업가치평가 방식으로 딜이 진행된다. 특히 SI와 거래하는 딜에서 자주 발생한다. SI와 FI는 근본적으로 딜에 참여하는 목적이 다르기 때문에 밸류에이션에도 차이가 나는 것이다.

쉽게 이야기하면 '나한테 반하는 누군가가 등장한다면' '우리 회사와 궁합이 아주 잘 맞는 인수자가 등장한다면' 밸류에이션은 완전히 다른 양상으로 진행될 수 있다. 당연히 엑시트를 희망하는 사람들은 이렇듯 이상적인 밸류에이션을 원하고 이를 실제로 달성하기 위해서는 좋은 전략뿐만 아니라 운도 꽤 필요하다고 생각한다. 궁합이 맞는 짝을 만난다는 것이 그렇게 쉬운 일은 아니기 때문이다.

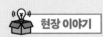 현장 이야기

자사와 잘 맞는 인수자의 등장은 어느 회사든 희망하는 이상적인 순간일 것이다. 사람마다 회사를 평가하는 눈이 다를 텐데 나를 가장 이상적으로 해석해주는 상대방이 있다면 자사

의 기업가치도 높아질 수밖에 없다.

회사의 가치와 전략도 중요하지만 이처럼 운도 매우 중요하다. 이러한 운은 대표나 회사의 평판 관리와 홍보 역량에 좌우되기도 하므로 경영자는 평상시에 가능한 영역을 최대한 관리하는 것이 좋다.

# 손실이 예정된
# 회사의 밸류에이션

다양한 이유로 직전 연도나 올해까지 손실이 예정된 회사의 밸류에이션이 어떻게 진행될지 궁금해하는 사람이 많다. 이 영역의 가치평가도 정해진 방법은 없지만 몇 가지 실무 사례를 소개하는 것으로 대체하겠다.

다만 이어지는 가치평가 방식은 M&A나 구주 거래를 전제로 한 것이며 유상증자 신주 발행의 투자유치 시장에서는 더 다양한 방법과 변수를 고려해 밸류에이션을 결정하는 경우가 많으니 참고하길 바란다.

# PSR
## 방식

이익이 발생하지 않으면 매출 대비 배수를 활용한 PSR<sup>Price Selling</sup> <sup>Ratio</sup> 방식을 활용할 수 있다. 이 방법은 특히 스타트업 단계와 초기 기업 평가에서 주로 쓰이다 보니 M&A보다는 투자유치 현장에서 활용되는 경우가 많다. 그러나 최근 벤처시장 분위기가 나빠지면서 이 방식에 대해 많은 사람이 의구심을 갖게 되었고 M&A와 IPO 시장에서는 많은 저항을 받고 있다. 이커머스 업계에서는 PSR과 거래액을 기반으로 초기 기업 평가를 하는 경우가 종종 있었는데 그렇게 평가된 기업가치가 고평가되었다는 의견에 힘이 실리면서 PSR 방식도 최근에는 설득력을 잃어가는 듯하다. 그럼에도 초기 기업의 밸류에이션에 참고 지표로 여전히 활용되고 있으므로 이런 방법도 있다는 정도로 이해하면 충분하다고 본다.


## 예상 영업이익과 EBITDA를
## 현재가치평가한 후 멀티플 적용

특례상장으로 IPO에 성공한 일부 기업들이 사용했던 방식이다. 현재는 손실이지만 3~5년 후 예상되는 영업이익과 EBITDA를 추정해 해당 금액을 현재가치평가한다. 그렇게 나온 결괏값을 기준으로 상대가치평가 방식을 적용해 동종 또는 유사 기업의 멀티플을 반영한다. 미래 현금흐름을 고려하는 DCF와 멀티플을 활용하는 상대가치평가 방식을 적절하게 혼용한 것인데 근본적인 밸류에이션은 결국 상대가치평가 방식으로 귀결된다. 물론 미래 예상 영업이익과 EBITDA 등을 산정하는 과정에 많은 전문가가 투입되어 이를 검증하겠지만 당연히 현실은 예상과 달라질 수 있다.

## 시너지 효과를 고려한
## 잠재 인수자의 밸류에이션

현재는 적자를 내는 회사라고 하더라도 특정 기업에 인수된 후에는 흑자전환을 할 수 있다. 게다가 인수 기업의 기존 사업과 시너지 효과까지 얻을 수 있는데 이것까지 고려한 기업가치평가 방식도 존재한다. 다만 엄밀히 이 방식은 손실이 나고 있는 회사를 직접 평가하는 방식이라기보다는 잠재 인수자가 해당 기업을 인수할 때 금액을 얼마큼 지불해야 합리적인지 의사결정을 내리기 위한 보조적인 평가 방식일 뿐이다.

예를 들어 A라는 회사가 B라는 회사를 인수하는 딜을 고려할 때, B를 인수한 이후 예상되는 A, B 각각의 영업이익과 현금흐름, EBITDA 등을 추정할 수 있다. 이때 인수를 진행하기 전 A 회사의 가치가 100억 원이고 인수 이후 A와 B의 시너지 효과, B의 흑자전환까지 고려했을 때 평가되는 기업가치가 300억 원이라면 A 입장에서는 200억 원까지 지출하더라도 그에 상응하는 인수 효과를 기대해볼 수 있을 것이다.

다만 이는 이론적인 계산일 뿐 실제 A가 지불하고자 하는 최대 가격, B의 객관적인 시장가치 등을 적절하게 고려하는 것이 더 중요하다. A 입장에서 최선의 인수를 위해 가격 범위를 설정할 때 참고하는 자료 정도로 생각하면 될 것이다.

## 기존 딜 밸류에이션과 상세 조건들

최근 대상 회사가 받았던 투자유치 밸류에이션도 어느 정도 참고 자료가 될 수 있다. 물론 앞에서 이야기한 대로 M&A 밸류에이션과 투자유치 밸류에이션은 근본적인 결이 다르지만 참고 목적으로 어느 정도 활용되기도 한다. 다만 과거 유상증자 딜에서 밸류에이션과 상관없는 다양한 딜 조항이 추가될 수 있는데(쿨옵션, 풀옵션, 상환권, 최소보장수익률 등) 이러한 세부 계약 조건들을 고려하면 밸류에이션 적정선을 논의해볼 수 있다.

예를 들어 기존 주주들 중 일부는 최대주주의 주식 매각금액에 우선권을 가지고 있다. 즉 인수자가 최대주주에게 10억 원을 지급하더라도 이 10억 원의 우선권은 다른 주주들에게 간다. 최대 주주의 경제적 보상을 어느 정도 실현해주지 않으면 딜의 성공률이 매우 낮아질 테니 이러한 상세 조건들을 종합적으로 고려하면 손실이 발생하는 기업이라고 하더라도 거래 가능한 최소 밸류에이션이 책정될 수 있다.

물론 이러한 상황도 절대적인 기업가치평가에 영향을 줄 수 없다. 딜을 정상적으로 진행할 때 이러한 요소도 고려해 가격을 논의해야 한다 정도로 생각하면 될 것이다.

## 인수자와
## 매도자의 마음

안 그래도 밸류에이션 자체에 정답이 없는데, 손실이 나고 있는 회사의 평가는 더욱 정답을 내리기 어렵다. 그래서 인수자와 매도자의 마음 중간쯤에서 가치가 결정되는 경우도 많다. 이러한 딜은 인수자와 매도자가 이미 신뢰할 수 있는 관계에서 종종 발생하는데 서로 믿고 업무를 할 수 있거나 그러한 미래를 꿈꾸는 상황이므로 서로 납득할 만한 적정 가격 선에서 딜 가격이 결정될 수 있다. 이 과정에 논리는 중요하지 않다.

인수자는 매각 회사의 경영자를 비롯한 인력 자체가 마음에 들어 인수하는 것일 수도 있고, 상대방 회사의 등록면허가 필요해서 회사를 인수할 수도 있다. 사실 손실이 나는 회사를 선뜻 인수할 회사는 많지 않다. 분명 특별한 이유가 있어야 하는데 기존 인적 네트워크와 신뢰 관계에서 비롯되는 경우가 대부분이다. 인적 네트워크는 5장에 조금 더 구체적으로 정리했다.

# 눈에 보이지 않는 가치는
# 어떻게 평가되는가?

엄청나게 복잡한 구조와 시스템, 조직과 무형자산으로 엮여 있는 기업가치를 간단하게 결정해서 거래할 수 있을까? 실제로 단순 EBITDA나 현금흐름으로 판단하기 어려운 기술과 인력, 시스템을 보유한 회사도 많다. 물론 이것들 역시 기업의 고유한 자산이기 때문에 적절하게 평가받아야 한다. 이때 평가의 관점과 방향성을 명확하게 이해하고 있는 것이 중요하다. 특히 객관적으로 평가하기 어려운 무형자산들은 딜의 종류에 따라 가치평가 결과가 크게 달라질 수 있으므로 이를 구분해서 알아두면 좋다.

투자유치 관점에서는 앞으로 우리가 어떤 무형자산을 만들어 최종적으로 어떤 가치를 창출할지 보여주는 것이 중요하다. 즉 당장의 EBITDA나 현재 시점의 매출 또는 현금흐름보다는 폭발적인 성장세를 입증하는 지표를 제시하며 미래의 기회를 보여주는 것이 핵심이다. 다만 여기서는 투자유치보다는 엑시트 관점의 딜 위주이므로 깊게 다루지는 않겠다.

매각 관점의 딜에서는 무형자산의 가치가 어떻게 현금흐름으로 연결되는지 조금 더 구체적인 그림을 제시해야 한다. 어쨌든 매각까지 논의되는 딜이라면 기업의 업력이 길 가능성이 높아서 단순히 미래 사업계획을 제시하는 것만으로 M&A를 진행하기는 쉽지 않기 때문이다. 딜의 세계에 계속해서 등장하는 단어가 '현금흐름과 실적'이라는 점을 인지했을 것이다. 그만큼 M&A 세계는 수치와 현금흐름을 특히 중요시한다.

물론 꼭 수치로 무엇을 증명하지 않아도 되는 사례도 있다. 첫째, 압도적인 기술력이나 개발 성과가 있는 회사다. 그 분야 전문가가 심도 있게 파악할 수 있는 기술력과 연구개발 성과를 보유한 회사는 앞선 이야기와 무관하게 보유 중인 무형자산에 따라 충분히 높은 가치로 인정받을 수 있다. 다만 압도적인 기술력이나 무형자산을 활용하고자 하는 잠재 인수자들은 해당 기술력을 검증할 수 있는 전문성이 충분하기 때문에 말 그대로 압도적인 기술력과 성과가 전제되어야 한다.

둘째, 동업의 관점으로 M&A가 성사되는 경우도 상대적으로 수치의 중요도가 떨어진다. 이 관점으로 진행되는 M&A는 인수자와 매도자의 화합이 수치보다 훨씬 더 중요하게 작용한다. 그에 따라 매각 대상 회사가 보유한 기술, 인재 등 무형자산을 숫자로 증명하는 것보다는 M&A 이후 어떤 시너지를 낼 수 있을지 고려하는 게 중요할 수밖에 없다.

결론적으로 무형자산을 보유한 회사(기술력, 개발 성과, 조직, 시스템, 인재 등)는 이를 체계적으로 입증할 수 있는 것이 밸류에이션에 중요하고, 경우에 따라 해당 무형자산을 활용해 현금흐름을 얼마나 창출할 수 있는지 제시할 수 있어야 한다. 단순 EBITDA나 현금흐름만으로 기업가치를 설명하기 어려운 기업이라면 반드시 명심하도록 하자.

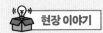 현장 이야기

무형자산으로 증명하는 객관화된 수치는 애초에 앞뒤가 맞지 않아 보인다. 조금 설명을 덧붙이면 결국 더 중요한 것은 무형자산을 남들에게 명쾌하게 인정받는 것이고, 이에 대한 구체화된 미래 재무 수치는 양사가 협의해 정리하는 과정으로 도출된다.

그 누구도 어느 기술이나 산업이 어떻게 펼쳐질지 모르지만 무형자산의 가치를 분석한다는 것은 곧 인수자와 매도자가 다양한 조사와 전문가 의견을 토대로 '최선의 추정치'를 함께 찾아 나서는 작업이라 할 수 있다. 이 최선의 추정치는 딜에서 생각보다 중요한데, 추정이 틀릴 수도 있지만 최선을 다해 추정하는 것은 이후 객관적인 기준으로 딜을 하기 위해 필요한 의미 있는 과정이기 때문이다.

추가로 M&A를 엑시트 관점이 아닌 동업의 관점으로 바라볼 필요도 있다. 엑시트와 동업은 완전 다른 결론이지만, 모든 M&A는 두 요소가 적절히 섞여 있다. 동업의 관점으로 M&A를 바라볼 때 더 유연한 딜 구조와 밸류에이션이 가능해지는데 아무래도 인수 이후 시너지 효과에 더 집중하기 때문이다. 특히 현금흐름이나 이익 기준이 아닌 매각 대상 회사가 보유한 무형자산에 기초해 딜을 논의할 때 이 부분의 중요성이 배가된다.

# 우리 회사의 기업가치를
# 올리고 싶다면

기업가치를 올리는 법은 따로 책 한 권을 쓸 수 있을 만큼 양이 방대하다. 따라서 여기서는 기본이 되는 몇 가지 재무 요소를 짚어보겠다.

또한 5장에서 이에 대한 다양한 인사이트를 얻을 수 있으므로 여기서는 재무 관점의 기업가치 제고 방법만 나열했다. 기업가치를 기업가치를 올리기 위해서는 결국 펀더멘털에 집중해야 하는데 여기서 소개하는 재무 요소 모두 기업의 펀더멘털과 연결되어 있다.

# 기업가치를 결정하는
# 재무 요소

## 꾸준하게 주기적으로 반복되는 매출

구독 서비스 사업으로 성공한 회사들(유튜브, 넷플릭스 등)의 기업 가치는 괜히 높은 게 아니다. 『돈의 속성』을 쓴 김승호 회장도 "일 정하게 들어오는 돈의 힘을 깨달아야 한다"며 비슷한 이야기를 꺼낸 바 있다.

꾸준하게 주기적으로 반복되는 매출은 기업에게 더 큰 도전을 할 수 있는 안정적인 뒷배가 된다. 뒷배가 있는 기업은 그렇지 못한 기업보다 더 여유롭게 적극적으로 신사업을 추진할 여력이 있다. 이는 성장의 밑거름이 된다. 따라서 꾸준하고 주기적인 매출 이야말로 기업가치를 올리는 아주 확실한 방법이 된다.

## 다양한 매출 거래처

몇몇 VIP 고객이 회사를 먹여 살리는 것보다 소비금액이 적더라 도 고객 수가 많아야 기업가치를 더 올릴 수 있다. 생각해보면 당 연하다. 매출이 소수 거래처에 집중되면 회사의 의사결정 권한은 줄어들고 결국 기업가치가 줄어들 수밖에 없다.

이러한 이유로 소비금액이 많은 고객도 좋지만 작은 고객을 여 럿 만드는 사업 모델도 반드시 생각해야 한다. 매출 거래처가 많 아지면 자연히 많은 고객을 제대로 관리할 수 있는 시스템이 필요한데 이를 매끄럽게 해소하는 것도 기업가치를 올리는 데 매우 중요하다.

## 유동자산과 유동부채

유동자산은 1년 이내 현금화 가능성이 높은 자산이고 유동부채는 1년 이내 현금으로 지급해야 할 의무가 있는 부채를 의미한다. 유동비율이 나쁜 회사는 기업의 성장보다 생존에 급급할 수밖에 없다. 특히 스타트업은 유동성을 관리하며 투자 라운드가 언제 필요할지 반드시 사전에 인지해야 한다. 투자유치든 매각이든 여유가 있을 때, 즉 유동성이 관리될 때 더 잘된다.

## 다양한 경로의 매입처와 생산라인

말처럼 쉬운 일은 아니지만 매입 거래처가 다양해야 한다는 필요성을 인지하고 사업을 이어가야 한다. 매입 거래처가 다양해지려면 매출이 많고 다양해야 한다. 매입 거래처가 몇 안 되면 좋은 기회가 왔을 때 생산량을 확보하기도 어렵고 소수의 매입 거래처에 권한이 늘어날 수 있다. 앞서 언급했지만 의사결정 권한이 줄어들면 회사의 가치도 줄어든다.

## 원가율, 영업이익률, 공헌이익률 등 수익성 지표 관리

회사가 처한 상황에 따라 수익성 지표의 중요성은 달라진다. 예를 들어 당장 거래 규모, 매출액, 활동 지표 등에 치중하고 수익성은 나중에 생각하는 회사들도 있다. 당연히 일리 있는 전략이지만 그 과정에서 수익성 지표들이 점점 개선되는지 아니면 나빠지는지 지속적으로 꼭 살펴보아야 한다. 의도된 손실은 그 자체로 의미가 있지만 이를 언제 어떻게 개선할지 끊임없이 검토해야 하는 것이다. 거듭 강조하지만 이렇게 지표를 잘 관리한 기업은 밸류에이션에서 손해를 보지 않는다.

## 성공방정식

가치가 높은 회사들은 저마다 과거의 성공방정식이 있다. 성공방정식을 반복하면 또 다른 성공을 끌어낼 가능성이 높으므로 과거 공적을 수치로 잘 치환해야 한다. "우리는 과거에 이렇게 성공했다. 그러니 또 성공할 것이다"라고 추상적으로 이야기하는 것보다 구체적인 수치를 통해 성공방정식을 정리해야 한다. 그리고 이것을 잘 공유한다면 회사의 기업가치도 더욱 탄탄해진다.

## 사업계획

사업계획은 달리 말하면 '모델링'이라고 할 수 있다. 특히 딜 시장의 인수자 측 전문가들은 인수 이후의 현금흐름을 아주 상세하게 예측한다. 그들도 미래가 예측대로 흘러가지 않는다는 것쯤은 알고 있지만 사업계획을 늘어놓는 것보다 실제 예측치로 모델을 구상해보면 의사결정의 수준을 크게 높일 수 있다. 즉 시장 규모와 산업의 성장성, 점유율 등을 제시하고 이를 통해 다양한 가정으로 신사업의 사례별 미래 현금흐름을 제시하는 것이다. 합리적인 근거로 현금흐름 추정치를 제시할 수 있는 회사는 그렇지 못한 회사보다 가치가 높을 수밖에 없다.

## 신뢰성 있는 재무 정보 제공 가능성

아이디어와 팀 구성원만으로도 인정받을 수 있는 기업 초기 단계를 벗어나면 결국 그 기업을 보여주는 거울은 다양한 재무 정보다. 회계 정보 산출 시스템이 탄탄한지, 누락하기 쉬운 요소들을 재무제표에 적절하게 반영하고 있는지, 재고자산 수불부 등을 적절히 관리하고 있는지 등은 모두 재무 정보의 신뢰성과 관련되어 있다. 많은 사람에게 신뢰를 주는 사람이 결국에는 성공하듯 회사도 신뢰감을 줄 수 있는 정보를 제공하는 것이 밸류에이션에 매우 중요하다.

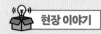 현장 이야기

기업가치를 올리는 여러 방법 중에 몇 개를 제안했을 뿐이라 이 내용은 큰 의미가 없을 수 있다. 거시경제 상황, 미래 전망, 기업의 강점과 전략, 유연한 전략 수정 등 기업가치에 영향을 주는 요소가 매우 많을 뿐 아니라 시시각각 변하기 때문이다. 그것보다 중요한 것은 기업가치가 이렇듯 여러 요소들이 결

합해 하나의 생물체처럼 움직인다는 점을 이해하고 어떤 방식이 가장 견고하고 정확하게 기업가치를 올리는지 경영자 스스로 끊임없이 고민해야 한다는 점이다. 그래야 딜 시장에서 가치평가를 받을 때도 논리적으로 밀리지 않을 수 있다.

# 잠재 투자자에게 기업가치를
# 설득하는 법

지금까지 전반적인 밸류에이션 방식과 관련된 방식을 소개했다.
이제 실제 현장에서 회사의 기업가치를 설득하는 방식에 대해 정
리해보자. 투자유치, M&A 등 모든 딜은 당연히 가격이 맞아야
성사된다. 회사의 기업가치를 설득하는 과정에서 투자자의 동의
를 쉽게 구할 수 있는 흐름은 다음과 같다.

첫째, 딜 구조와 이를 둘러싼 상황을 고려한다. 같은 기업이라
도 기존 경영진의 경영권, 인수자별 시너지 기대 효과, 신주 또는
구주 거래 비중 등에 따라 기업가치가 유동적일 수 있다. 또한 투
자를 유치할 때의 밸류에이션과 M&A를 진행할 때 밸류에이션
이 다른 것도 그 기업의 상황과 미래에 대한 가정이 다르기 때문

이다. 따라서 투자자와 여건에 대해 충분히 논의하고 관점을 일치시켜야 한다.

둘째, 밸류에이션 방법론에 대해 합의한다. 기업가치를 평가하는 방식은 상당히 다양한데 통상 산업, 업종, 기업 단계, 시장 흐름에 따라 일반적으로 사용되는 평가 방식이 존재한다. 선택한 평가 방식에 따라 결괏값이 달라지므로 어떤 평가 방식으로 기업가치를 평가할지 미리 합의해야 한다. 예를 들어 PER 방식으로 평가하는 것이 일반적인 업종에서 PSR 방식으로 기업가치를 평가하면 잠재 투자자들의 동의를 구하기 어렵다.

셋째, 회사의 과거·현재 실적, 미래 예상 실적, 시너지를 바탕으로 잠재 인수자가 딜 성사 시 얻게 될 예상 실적을 분석한다. 어차피 기업가치를 평가할 때 세 가지 관점의 실적을 모두 고려한다. 다만 현재 실적이 아닌 미래 예상 실적, 또는 자사 실적이 아닌 상대방 실적과 시너지 효과를 주장할수록 설득력이 떨어질 수 있으니 주의해야 한다. 통상 FI들은 현재 실적과 최근 12개월 실적 정도만 인정하고, SI들은 조금 더 다양한 각도로 실적의 개념을 살펴보니 참고하면 좋다.

넷째, 멀티플을 확인한다. 밸류에이션을 초기 단계에서 논의할 때는 대부분 상대가치평가 방식을 사용한다. DCF 방식은 아무래도 논란의 여지가 많기 때문이다. 상대가치평가 방식의 핵심은 멀티플의 배수를 얼마나 적용하는지다. 시장 상황, 규모의 경제, 진입장벽, 브랜딩, 이익률, 성장성, 지속 가능성, 점유율, 기대감 등이 멀티플 배수에 영향을 미친다. 그래서 어떤 멀티플을 적용할지 먼저 결정하고 상대방과 대화해야 한다.

정리하자면, 딜 상황을 적절히 고려하면서 기업가치평가 방식, 실적, 멀티플을 어떻게 할지 합의하는 과정이 적절한 타이밍에 논의되어야 한다. 특히 본격적인 실사가 이루어지기 전에는 어느 정도 밸류에이션 가이드라인을 논의하고 절차를 진행해야 한다. 그래야 잠재 투자자에게 기업가치를 잘 설명할 수 있다.

# 일본의 중소기업
# M&A 밸류에이션

이 책을 찾은 독자 중에 아무래도 중소기업이나 스타트업의 대표가 많으리라 생각한다. 따라서 중소기업 M&A가 아주 발달된 일본 사례도 알아두면 좋을 것이다. 잃어버린 20년 또는 30년이라고 말하곤 하지만 한때 세계 경제를 주름잡았던 일본은 중소기업 M&A가 국내보다 훨씬 활성화되어 있다. 건실한 중소기업이 많아 내수 경제의 상당 부분을 책임지고 있고 창업자의 고령화에 따른 은퇴와 승계 문제가 이어지면서 일본의 중소기업 M&A는 더욱 활성화되고 있는 추세다.

일본의 중소기업 M&A를 살펴보아야 하는 이유가 하나 더 있다. 바로 일반적으로 인정받는 중소기업 밸류에이션 기준이 존재한다는 것이다. 즉 매도자와 인수자 모두 용인할 수 있는 가격 결정 방식과 범위가 존재한다. 양측의 거래에 대한 기대치가 일정한 범위에서 유사하게 산정된다면 거래가 더 용이할 수밖에 없다.

순자산 시가(현금 및 부동산 등, 부채 차감) + 영업이익 × 2~3배
= 주식가치

이 식은 회사가 보유한 자산은 자산대로 시가평가하고 영업가치는 영업이익의 2~3배만 적용한다는 의미다. 기업가치를 평가할 때 비영업자산을 제외하고 순전히 영업가치만 고려한 멀티플로 평가한 후 비영업 순자산가치를 별도로 고려해 합산하는 방식이다. 군이 공식을 해석하자면 "회사가 그동안 쌓아온 순자산 시가는 인정하고, 영업가치는 대표이사 은퇴를 감안해 퇴직금 수준의 적은 멀티플로 정리하고 떠난다" 정도가 되지 않을까 싶다.

물론 일본에서도 성장하는 회사, 규모의 경제를 이룬 회사들 등 일반 회사들은 이러한 방식의 밸류에이션을 잘 활용하지 않는다. 추정하건대 이 공식은 승계가 어렵고 마땅히 좋은 가격으로 매각하기도 어려운 일본 지방 중소기업의 가치평가 가이드라인이 아닐까 싶다. 공식 자체가 성장이나 시너지보다는 은퇴에 방점이 찍혀 있는데 아무래도 일본의 시대 상황을 대변하고 있다고 본다. 한국도 일본과 상황이 크게 다르지 않은 만큼 훗날 이러한 밸류에이션의 딜이 생길 수도 있지 않을까 생각한다.

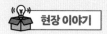
현장 이야기

우연히 일본과 한국에서 M&A 업무를 하는 회계사님과 이런
저런 딜 이야기를 나눈 적이 있다. 그분을 통해 일본의 밸류
에이션 방식과 그 방식이 자리 잡을 수 있었던 이유들도 전해
들을 수 있었다.

기본적으로 일본은 중소기업이 많기도 하지만 거래 참여자
들 사이에 가격 설정에 대한 일종의 합의가 잘 형성되어 있다
고 한다. 거래가 활발하게 오랫동안 누적된 것도 있고, 매도
자의 기본 태도가 "상대방이 우리 회사를 잘 키울 수 있도록
인도하고 나는 깨끗하게 은퇴한다" 쪽에 가깝다는 점도 분명
큰 이유라고 본다.

국내 중소기업 딜은 이와 조금 다른 것 같다. 수십 년을 일군
본인 기업의 가치를 정확하게 이해하고 있기 어렵고, 또 아무
래도 과대평가하게 되기 때문이다. 그러다 보니 거래가 원활
하게 이루어지지 않기도 하고 인수인계보다는 매각과 엑시트
에 무게중심이 놓일 수밖에 없다.

거래에 맞고 틀리고는 없다고 생각한다. 한국은 많은 부분에
서 일본을 따라가고 있지만 그렇지 않은 것도 많으므로 한국
의 M&A 시장이 어떻게 흘러갈지 궁금할 따름이다.

## 엑시트 경험자 인터뷰 4

Q1. 딜과 엑시트에 대해 알고 있었는가? 알고 있었다면 어디서 정보를 얻었는가?

사업 초기 5년 정도까지는 전혀 몰랐다. 우연히 사업하는 사람들끼리 운동 모임에 가입했는데 거기서 처음 이런 세계가 있다는 것을 알게 되었다. 그전까지는 기업을 사고파는 것은 대기업의 이야기라고만 생각했지, 내가 실제로 하게 될 거라고는 상상하지 못했다. 처음 이야기를 접하고 우리 회사도 투자유치나 M&A를 할 수 있을까 하고 궁금증이 생겼던 것 같다.

처음 사업을 시작할 때는 매출 50억 원만 되어도 부자가 될 거라 생각했다. 그런데 매출 50억 원이 되어도 변하는 것은 없더라. 법인 통장도 현금 보유량 때문에 걱정하는 날이 더 많았다. 그러다 어떤 자문사를 추천받았고 그 자문사를 통해 우리 회사도 M&A가 가능하다는 이야기를 들었다. 그걸 계기로 딜을 시작했다.

Q2. 매각 이후 삶이 어떻게 바뀌었는가?
삶에 여유가 생기고 넉넉한 마음가짐을 가지게 되었다. 남들이 말하는 돈에 대한 허무감 같은 건 없었다.

Q3. 다시 돌아가도 매각을 선택할 것인가? 또 매각 이후에 어떤 장단점이 있었는가?
시간을 되돌려도 회사를 매각할 것이다. 사업 확장에서 중요한 것이 깜냥과 타이밍인데 훗날을 위해 한 번 쉬어가는 것도 필요한 것 같다. 단점을 꼽자면 회사를 매각하고 나니 내가 키워온 회사가 더는 내 것이 아니라는 사실이 와닿았다는 점이다.

Q4. M&A 성공에 어떤 것들이 가장 중요하다고 생각하는가?
자문, 타이밍, 산업이었다고 생각한다. M&A라는 낯선 세계를 끝까지 같이 끌고 나가줄 자문사를 잘 만났다. 그리고 코로나19 팬데믹으로 인해 회사가 속한 분야가 딜 시장의 많은 관심을 받은 것도 주요했다.

Q5. 딜 과정에서 특히 기억에 남는 일이 있었는가?

조금 독특한데, 태핑(투자자를 모으는 행위)을 위해 여러 대기업과 투자 회사에 미팅을 다닐 때마다 회사 건물에서 바라본 멋진 경관이 기억에 남는다. 중소기업 현장에만 있다가 자본시장의 다양한 회사들과 산업에 대해 이야기했던 경험이 인상적이었다.

Q6. 밸류에이션은 어떻게 결정되었고, 어떤 문제가 있었는가?

당시 우리 회사 영업이익의 몇 배수로 밸류에이션이 결정되었다. 다행히도 논의 첫 단계부터 딜을 끝낼 때까지 밸류에이션 논쟁은 거의 없었다. 실사 단계에 우리 회사의 영업이익을 검증하는 과정이 있었는데 이 부분이 원만하게 해결된 후로는 밸류에이션에 대해 거의 논의하지 않았던 것 같다.

Q7. 딜은 누가 주관했으며 어떤 것들이 도움이 되었는가? 또 기억에 남는 일화가 있는가?

매각 과정은 막힘없이 순탄한 편이었는데, 특히 실사 대응할 때 자문사에서 "있는 그대로 솔직하게 이야기하시면 됩니다"라고 말하며 마음이 편해지도록 세심하게 신경 써주어서 고마웠다. 덕분에 부담 없이 실사 단계에서 인터뷰에 잘 응할 수 있었다.

Q8. 실사에 대응할 때 힘든 점이 있었는가?

법무법인과 회계법인 등 여러 곳에서 찾아와 인터뷰를 진행하는 게 처음에는 겁이 났다. 그러나 막상 인터뷰에 참여하고 실사에 대응해보니 걱정만큼 어렵지 않았고, 오히려 '내가 걸어온 길이 틀린 길은 아니었구나' 하는 회사에 대한 믿음, 업계 전문가로서 성장했다는 자부심이 들었다.

Q9. 과거로 돌아간다면 무엇을 미리 준비할 것인가?

재고 관리를 일찌감치 했다면 우리 회사의 밸류에이션이 더 높아졌을 것 같다. 재고 관리를 위한 체계와 가이드라인이 부족했다.

Q10. 현재 근황은 어떠한가?

지금은 가정에 집중하면서 F&B 등 새로운 사업계획을 구상하고 있다. 다음 사업을 하게 된다면 시작할 때부터 M&A를 염두에 두고 경영할 것이다. 회사를 성장시켜 M&A 성공까지 이르는 일련의 과정을 경험하면서 배우게 된 경영 방식을 미래 사업에도 잘 활용해볼 것이다.

Q11. 엑시트를 원하는 경영자에게 하고 싶은 말이 있다면?

"적당한 타이밍이라면 꼭 도전하라"라는 말을 전하고 싶다.
만약 엑시트에 실패하더라도 훗날 성장의 기회가 될 것이라
확신한다.

# EXITBIBLE

EXITBIBLE

# 엑시트 여정 가이드

# 펀더멘털이 좋은
# 회사란

여정의 준비, 동반자, 절차를 거쳐 가격에 대한 이야기까지 마쳤다. 이제 남은 조각은 이 여정을 성공적으로 끝내기 위해 무엇이 중요하고 결정적인지 정리하는 것이다.

본격적인 설명에 앞서 이 책을 보는 많은 경영자가 '펀더멘털'의 개념에 대해 잘 이해하고 넘어갔으면 한다. 어떤 회사가 M&A가 잘되는지 단 하나의 단어로 요약해야 한다면 나는 '펀더멘털이 좋은 회사'라고 답할 것이다. 주식투자를 조금 해본 사람들은 펀더멘털, 모멘텀 같은 단어를 접해보았을 텐데 거기서 이야기하는 펀더멘털이 딜 세계에서도 아주 강력하게 작용한다.

물론 기업의 펀더멘털은 한두 가지로 결정되지 않는다. 또 짧은 기간에 만들 수도 없다. 경영학 이론에 나오는 수많은 요소를 두루두루 갖추어야 비로소 펀더멘털이 좋은 기업이라 할 수 있다. 1~2년 반짝하는 아이템을 만들었다고 해서 펀더멘털이 좋은 기업이라고 이야기하지 않는 것이다. 특히 모멘텀을 활용하는 트레이더보다 가치투자를 선호하는 딜 전문가들에게는 펀더멘털이 의사결정의 핵심이 되는데, 그러므로 M&A 시장에서 기업의 펀더멘털은 아주 중요하다. 쉽게 말해 펀더멘털이 좋은 기업은 M&A 시장에서도 인기가 많다. 그렇다면 어떤 기업이 펀더멘털이 좋다고 할 수 있을까? 다음과 같이 간단히 정리해보았다.

1. 안정적인 현금흐름을 창출하는 캐시카우가 존재하는 회사
2. 성장하는 산업에서 공격적인 성장 전략을 잘 실행하는 회사
3. 핵심 지표를 추적하고 관리해 전략을 도출하는 회사
4. 다양한 외부 변수에 대응하는 전략과 시스템이 갖추어진 회사
5. 기업의 핵심 경쟁력이 스스로 발전할 수 있도록 교육 체계를 구축한 회사
6. 원가관리회계를 기반으로 가격, 원가, 비용 구조 등을 설계할 수 있는 회사
7. 적시에 신뢰성 있는 재무 정보를 생성하고 의사결정에 활용하는 회사
8. 특정 거래처의 의사결정이 회사 전체 수익 구조와 밸류체인에 영향을 미치지 않는 회사

9. 경쟁사의 최근 동향을 주기적으로 파악해 신속하게 대처하는 시스템을 보유한 회사

10. 유능한 인재들이 지속적으로 공급되는 시스템과 경쟁력을 보유한 회사

11. 유관산업의 딜 사례를 바탕으로 기업가치평가 핵심 요소를 꾸준히 관리하는 회사

12. 브랜드 인지도와 로열티가 높아 충성 고객이 많은 회사

13. 쉽게 확보할 수 없는 다양한 데이터를 축적해 강력한 경제적 해자를 구축할 수 있는 회사

14. 차별화된 기술력을 바탕으로 가격과 원가 경쟁력을 확보할 수 있는 회사

15. 위 요소들을 적절히 활용해 진입장벽을 견고하게 쌓은 회사

이들 중 쉽게 만들 수 있는 요소는 없다. 그러나 경영자라면 냉정하게 본인 회사의 펀더멘털을 주기적으로 살펴보아야 한다. '우리 회사는 제대로 가고 있나?' 고민하는 경영자들이 많을 텐데 그에 대한 답의 기준점은 펀더멘털이라고 생각한다. 따라서 '지금 이 의사결정이 우리 회사의 펀더멘털을 강화할까?'를 고민해봐야 한다.

# 스토리텔링을
# 이길 수 있는 것은 없다

딜을 성공적으로 마무리하고 딜 이후에 원하는 결과를 얻기 위해 가장 중요한 것 중 하나가 서사, 즉 스토리텔링이다. 매각이든 인수 이후 성장이든 좋은 전략이 있어야 한다는 이야기인데 단순히 전략이라고 표현하기에는 조금 다른 면이 있다. 회사의 강점을 찾아내 딜에 적절히 반영하는 과정에서 어떤 스토리텔링을 담아내는지가 딜의 성패를 좌우하기 때문이다.

좋은 스토리텔링을 위해서는 회사와 창업자의 이력부터 성향, 특징까지 모두 파악해야 한다. 이 회사를 창업하고 성장시킨 과정을 파악하다 보면 피상적인 관점에서 보이지 않는 강점들이 발견되는 경우가 많다. 창업자의 해외 거주 경험과 유통 네트워크

망이 시장의 진입장벽으로 발전한 사례, 대기업 커리어를 창업 과정과 회사 시스템에 어떻게 녹여냈는지도 제시할 수 있다. 간혹 회사의 매출과 현금흐름이 어떻게 이루어졌는지 창업자조차 정확히 모를 때가 있는데, 이에 대한 정확한 이유를 찾고 스토리텔링으로 연결하는 것도 자문사의 핵심 능력 중 하나다.

회사가 제공하는 서비스, 제품도 마찬가지다. 어떤 제품과 브랜드를 판매하고 있는지, 현재의 제품 라인은 어떤 과정을 거쳐 확장되었는지, 지금의 브랜드 스토리는 어떤 과정으로 나왔는지, 고객들에게 소구되는 매력은 무엇인지, 그 매력이 향후에도 지속될지 등을 아주 쉬운 스토리텔링으로 전달해야 그 기업의 진정한 가치를 어필할 수 있다.

기업의 내러티브를 찾아가는 과정에 집중하다 보면 경영자 스스로 "우리 회사에 이런 강점이 있는 줄 몰랐다"라고 이야기할 때가 종종 있는데 이것이 딜의 포인트가 된다. 누가 보아도 뻔히 보이는 강점이나 약점은 딜 전체 논의 과정에서 크게 중요하지 않은 경우가 많다. 남들은 발견하지 못하는 회사와 경영자의 강점을 스토리텔링으로 어떻게 녹여내는지가 딜이든 밸류에이션이든 모든 영역에 중요하게 작용한다.

그렇다면 어떻게 좋은 스토리텔링을 구상할 수 있을까? 내가 아는 최고의 이야기꾼 슈카를 예로 들어 설명해보자. 슈카는 대한민국 경제 유튜버 중 가장 많은 구독자를 보유한 크리에이터다. 약 280만 명의 구독자가 그의 이야기에 집중하는 이유 중에 특히 주목해야 할 것은 그가 타고난 스토리텔링 능력으로 사람들의 이목을 끌며 생각과 행동의 변화를 끌어낸다는 점이다. 잠재 인수자나 투자자를 설득할 때도 강력한 스토리텔링은 상대방의 의사결정을 좌우하는 매력적인 전략이 된다. 그렇다면 어떻게 좋은 스토리텔링을 만들어낼 수 있을지 슈카의 전략을 통해 유추해보자.

슈카는 기업과 산업의 역사적 흐름을 통해 이야기를 풀어나간다. 사람들은 '옛날 옛적에'로 시작하는 이야기에 집중한다. 역사만큼 인간의 근본적인 재미를 자극하는 것도 없기 때문이다. SM 엔터테인먼트 기업분석을 하면서 추억의 현진영부터 소환해 사람들을 매료하는 것과 같은 맥락이다. 이처럼 기업과 산업의 역사를 제대로 알아야 회사와 경영자가 그 속에서 어떤 역할을 수행하며 성장했는지 제대로 파악할 수 있다. 경영자의 역사, 즉 커리어는 말할 것도 없다.

기업과 산업의 역사적 흐름을 분석했다면 그다음은 미래다. 슈카는 "과연 미래는 어떻게 될까요?"라고 화두를 던지고 시청자에게 웃음과 인사이트를 제공한다. 예를 들어 코리아 디스카운트(한국 증시 저평가) 현상을 설명하며 기업 거버넌스가 어떻게 변해야 하는지 자신의 생각을 논리적으로 전하고 시청자에게서 공감을 얻어낸다. 기업의 미래인 사업계획과 산업 전망 중요성은 오죽할까? 흘러간 과거를 토대로 어떤 미래와 비전을 제시하는지가 투자자들의 마음을 움직일 수 있는 큰 요소가 된다.

또한 뻔해 보이는 이야기에 약간의 반전과 빈틈을 추가하면 좋다. 예를 들어 단점 같아 보이는 기업의 한계를 '오히려 좋다'는 식으로 강점으로 치환하거나, 이해하기 쉽게 분석하려고만 하지 말고 예상치 못한 요소를 전면에 드러내어 재치 있게 결론지을 수도 있다. 실제로 쉽게 극복할 수 있는 약점은 공개하더라도 이를 어렵지 않게 보완해줄 잠재 인수자가 나타난다면 좋은 딜로 이어질 가능성이 높다. 물론 이 약점을 극복하는 주도적인 주체가 누구냐에 따라 기업 밸류에이션 결괏값은 달라질 수 있다.

슈카는 다양한 유명인을 초대해 주장이 서로 반대되는 주제를 바탕으로 재미있는 논쟁을 벌이기도 한다. 그리고 논쟁 끝에 어느 정도 합의점을 찾아간다. 기업과 산업에도 다양한 시각과 논쟁이 존재한다. 모든 기업이 성장세에 있지 않으며 같은 기업과 산업이라도 사람에 따라 시각이 전혀 다를 수 있다. 따라서 같은 곳을 바라보는 잠재 인수자를 찾아낼 수 있도록 기업과 산업의 다양한 시너지 효과까지 함께 고려해야 한다.

또한 기업마다 다르겠지만 근본적으로 그 기업의 정체성을 제시할 수 있어야 한다. 결국 한 줄 요약이 필요한데 딜을 진행하다 보면 너무 많은 것을 고려하느라 정작 회사의 가장 근간이 되는 특징을 잡아내지 못할 때가 있다. 매력적인 기업들은 한 줄로 기업의 정체성을 제시해 상대방을 설득할 줄 안다.

마지막으로, 매각하는 회사의 대표도, 자문사도 기본적으로 정직해야 한다. 경영자들은 제3자의 눈을 통해서라도 '우리 회사의 진짜 가치와 차별성이 어디에 있는지' 반드시 찾아내야 하며 이것이 명쾌할수록 딜의 성공 가능성이 크게 높아진다. 물론 회사에 없는 강점을 과장해 포장한다거나 거짓된 이야기를 펼치라는 이야기가 아니다. 어차피 수많은 검증 절차가 남아 있으므로 어설픈 거짓말은 곧 들통나기 마련이다.

물론 이렇게 스토리텔링을 풀어내려면 기업 자체에 경쟁력과 매력이 있어야 한다. 그 부분은 경영자와 주주들의 몫이니 차치하더라도 내가 당부하고자 하는 바는 매력과 강점이 있는 기업조차 좋은 스토리텔링이 없으면 제대로 어필할 수 없다는 점이다. 제대로 어필해야 좋은 전략과 시너지 효과를 제안할 수 있고, 잠재 인수자 및 투자자들로 하여금 성장에 대한 기대감을 충족시킬 수 있다. 이처럼 딜의 서사를 찾아내는 것이 가장 중요하다.

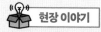 **현장 이야기**

진담 반, 농담 반으로 회사에서 자주 하는 이야기가 있다. "딜을 준비할 때 가장 필요한 사람은 회계사도 전략가도 변호사도 아니라 바로 작가다."

# M&A 시장의 언어, 숫자

기업의 강점과 스토리를 발견했다고 가정해보자. 하지만 이를 단순하게 글이나 말로 풀어낸다고 해서 상대방을 설득할 수는 없다. 결국 강점을 입증할 수 있는 증거를 제시해야 하는데 보통 이 과정에 숫자를 활용하게 된다.

몇 번 강조했듯이 숫자는 M&A와 딜 세계의 언어다. 딜을 마무리할 때까지 수많은 전문가가 개입하는데 그 과정에서 가장 많이 오가는 정보가 수치이기 때문이다. 그래서 회사의 강점과 서사를 반드시 숫자로 정리해 제시할 수 있어야 한다. 가령 회사의 브랜드 파워라면 경쟁사 대비 적은 광고비 비율로 증명하든 객관적인 인지도 조사 결과를 제시하든 각각의 상황에 맞는 데이터를 제시할 수 있어야 한다.

이를 위해 반드시 다양한 재무 요소, KPI, 고객지표 등을 꾸준하게 누적해 관리해야 한다. 딜을 하기로 마음먹었다고 하루아침에 이런 귀한 자료들이 나오지 않는다. 대기업들은 이런 것들을 내부 시스템이나 ERP를 통해 관리하고 있지만 아무래도 중소기업은 이런 부분에 약할 수밖에 없다. 그렇다면 주로 어떤 수치를 관리해야 하는지 살펴보자.

## 재무제표와 관리회계

기업이라면 회계 기준에 맞는 재무제표를 만들 의무가 있다. 재무제표는 국세청에서는 세금 부과 목적으로, 은행에서는 대출심사 목적으로, 그리고 DART(금융감독원 전자공시시스템)에서는 공시 목적으로 활용된다. 그렇기 때문에 재무제표를 참고하는 이해관계자들이 올바른 판단을 내리도록 기준에서 정한 방식으로 회계 처리를 해야 한다.

그렇다면 딜 시장에서도 자체 기준에 맞는 재무제표가 있을까? 법률로 정한 것은 아니지만 통상 딜 세계의 사람들이 중요하게 생각하는 재무제표가 있다. 바로 관리회계 요소를 접목한 재무제표다.

관리회계 요소가 무엇인지는 다음 질문 사례들을 살펴보면 쉽게 이해할 수 있다. 아래 사례들은 모두 경영자 시선에서 가장 궁금한 요소들인데 관리회계로 이것들을 해결할 수 있다. 그리고 딜 시장에서는 관리회계 요소를 충족시켜줄 수 있는 회계 정보가 가장 유용하고 중요하다.

1. 회사 제품 중 수익성이 가장 좋은 제품은 무엇인가?
2. 각 브랜드의 원가율은 얼마이며 원가율 차이의 중요한 동인은 무엇인가?
3. 사업부별 손익분기점은 어떻게 되는가?
4. 회사의 변동비를 원가 동인별로 묶을 수 있는가?
5. 고정비와 간접비를 어떤 방식으로 배분해야 회사의 수익성 분석에 가장 타당한가?
6. 각 마케팅 활동이 제품별·브랜드별로 어떻게 공헌했는지 파악할 수 있는가?
7. 회사의 가격 경쟁력을 위해서는 어떤 서비스의 가격을 얼마나 인상해야 하는가?

관리회계는 한 마디로 요약하면 경영자를 위한 회계다. 경영자가 궁금한 것은 곧 잠재 인수자가 궁금한 내용이기 때문에 딜에서는 관리회계 요소를 충분히 뽑아낼 수 있는 재무 정보가 아주 중요하다. 그러나 앞선 내용들을 적시에 정확하게 관리하고 있는 중소기업은 사실상 거의 없다. 그렇기 때문에 성공적인 딜을 위해서는 관리회계 정보를 어느 정도 산출할 수 있는 준비가 필요하다. 여기서 소개한 구체적 요소까지 챙기지 못하더라도 상세 제품이나 사업부별 손익을 구분해서 관리하거나 수익성 또는 비용을 분석해 회사의 강점을 적절히 뒷받침할 수 있어야 한다.

## 기업가치를 나타내는 지표, 현금흐름

현금흐름은 딜 현장에서 많이 쓰이는 지표 중 하나다. 기업의 가장 큰 목적은 이윤 창출이고 이윤의 핵심은 현금이므로 현금흐름은 기업의 가치평가에도 절대적으로 중요하다. 그렇기 때문에 관리회계요소와 마찬가지로 회사의 현금흐름을 항상 관리해야 한다.

사실 현금흐름은 딜이 아니더라도 기업의 성장과 생존을 위해 꼭 필요하다. 현금흐름표 작성 방법, 월별 현금 예산 관리 방법, 영업 현금흐름 계산 방법 등 방식은 선택할 수 있지만 근본적으로 중요한 것은 잠재 인수자에게 자사의 현금흐름을 깔끔하게 제시할 수 있어야 한다는 것이다. 즉 아주 직관적으로 현금흐름을 설명할 수 있어야 하는데 "우리 회사의 1월 1일 잔액은 100원이었고, 연간 사업을 통해 500원을 벌었으며, 이 중 200원을 신사업 투자에 사용했고, 50원으로 재고자산을 구매했고, 100원으로 차입금을 상환했더니 12월 31일에 잔액이 250원이 되었다"는 식으로 요약할 수 있어야 한다. 현금흐름이 복잡하거나 직관적으로 설명하지 못하면 거래 상대방은 애초에 회계처리부터 잘못되었다고 판단할 수 있으므로 유의해야 한다.

## 고객과
## 브랜드 지표

마지막으로, 고객과 브랜드의 성장성과 강점을 나타낼 수 있는 지표를 찾아내야 한다. 고객이 폭발적으로 증가하고 있지 않더라도 충성 고객이 어떻게 구성되어 있고 재구매가 얼마나 반복되는지 증명해야 한다. 또한 고객 수가 많지 않더라도 잠재 인수자가 매력을 느낄 만한 특정 계층에 고객이 집중되어 있다는 지표를 보여줄 수도 있다. 고객 만족도를 증명할 수 있는 다양한 고객 리뷰와 시장의 반응 변화를 객관적으로 대변할 수 있는 자료들도 좋을 것이다. 브랜드도 마찬가지로 브랜드 가치나 인지도를 보여줄 수 있는 장치들 중에 가장 객관적이고 설득력 있는 지표들을 찾아내고 관리해야 한다.

거듭 반복하지만 고객과 브랜드 인지도가 상당히 늘고 있다고 말로만 주장하는 건 딜 세계에서 큰 의미가 없다. 그리고 어떤 지표를 찾아서 관리해야 하는지에 정답은 없으며 회사의 여건과 자원에 따라 달라진다. 다만 경영자의 집요함과 꼼꼼함이 얼마나 더 타당한 데이터를 모을 수 있는지를 결정하기 때문에 딜을 준비하는 경영자라면 이 점을 중요시해야 한다.

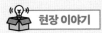
현장 이야기

숫자를 잘 다루는 사람이 아무리 주변에 많아도, 아무리 좋은 자문사가 그럴듯한 회사 소개 자료를 만들어 주고 싶어도 다양한 정보 원천이 없으면 소용없다. 나 혼자 장사하고 사업하는 거라면 이런 자료들이 무의미하겠지만 엑시트와 딜 관점에서 생각해보면 당연히 회사에서 미리 준비해야 한다.

# 다양한 딜 사례
# 분석

좋은 딜을 위해서는 딜 사례들을 많이 알아야 한다. 유사한 산업과 업종의 딜 사례를 알아두는 것이 특히 좋으며, 실제로 자문사들은 딜을 준비할 때 여기에 많은 시간을 쏟는다.

다른 거래들이 왜 일어났는지를 파악하는 것은 좋은 딜 전략을 수립하는 첫 단계다. 즉 딜 사례를 통해 인수자의 목적, 매각 대상 회사의 딜 성사 포인트, 밸류에이션 설정과 그 이유, 밸류에이션 외의 중요한 딜 조건 등을 분석할 수 있어야 한다. 이 검토 과정에서 상장된 회사의 정보도 당연히 중요할 수밖에 없다. 상장 회사의 시가는 말 그대로 시장 참여자들이 결정한 가격이고 다양한 기업 정보가 공개되어 있기 때문이다. 밸류에이션을 설명하며 강조했듯이 딜의 가격은 대부분 상대적으로 결정된다.

다양한 딜 사례는 비단 국내 거래에 한정되지 않는다. 당연히 해외상장시장과 해외 딜도 모두 검토 대상으로 삼아야 한다. 실제 상장 절차에서도 유사 기업의 재무 지표와 밸류에이션을 비교해 공모가액을 결정하는데 이와 비슷한 논리라고 보면 된다. 다만 단순히 가격을 확인하는 데 그치지 않고 가격이 그렇게 결정된 핵심 이유를 파악해 자사의 현재와 미래 전략에 어떻게 반영할지 종합적으로 검토해야 한다. 또한 딜이 아직 성사되지 않았더라도 현재 딜 시장에서 일어나는 거래와 매물과 밸류에이션 등도 꾸준히 추적하는 것이 좋다.

이러한 과정은 아무래도 전문가의 도움을 받는 것이 좋다. 제한된 정보도 많고 각종 딜 사례와 내부 정보를 일일이 조사하고 정리하는 것이 생각보다 어렵기 때문이다.

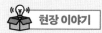
**현장 이야기**

딜 사례 분석은 자문사들이 가장 오랜 시간을 투자하는 업무 중 하나다. 이 업무에서는 고객사와 유사한 딜 사례를 찾고 분석하고 인사이트를 뽑아내어 대상 회사에 어떻게 접목할지 고민한다. 딜을 잘하는 사람들은 이러한 정보들이 머릿속에 데이터베이스처럼 체계화되어 있다.

그래서 막연히 업계 몇 년 차가 딜을 더 잘한다고 이야기하기는 어렵다. 딜 분야는 오히려 주식투자와 기업 분석에 빠져 있는 대학생이 10년 차 회계사보다 더 잘할 수도 있다.

# 잠재 인수자를 선정하고 접촉하는 방법

## 거래 상대방은 어떻게 찾을까?

말에 힘이 실리려면 좋은 전략이 먼저다. 즉 거래 상대방을 찾기 전에 딜 전략을 잘 구상해야 한다. 상대방에 따라 회사의 강점과 기회가 다르게 보일 수 있기 때문에 각 잠재 투자자에 적합한 스토리텔링과 전략을 준비하는 것이 중요하다. 그래야 상대방을 만났을 때 말에 힘이 실릴 수 있다. 또한 다수의 잠재 투자자를 대상으로 IR을 할 때는 회사의 일반적인 강점을 나열해 설명하는 것이 맞겠지만, 딜은 단 한 명의 거래 상대방을 설득해야 하는 작업임을 잊지 말아야 한다. 거래 상대방에게 맞는 전략을 잘 설정하는 것이 중요한 이유다.

일단 조사를 잘 진행하고 조사 결과를 토대로 많은 정보를 확보하고 있어야 한다. 그리고 거래 상대방의 관심사와 투자 방식, 집행 가능한 자본 등을 빠르고 정확하게 파악해야 한다. 좋은 전략을 제대로 활용하기 위해서는 적절한 거래 상대방을 잘 찾는 것이 중요하기 때문이다. 따라서 다양한 정보 원천을 활용해 거래 상대방에 대한 정보를 잘 취합하는 능력이 중요하다.

이 과정에 인맥을 잘 활용해야 하는데 단순히 '아는 사람'은 인맥이 아니다. 신뢰와 정보가 결합해야만 진정한 인맥이라고 할 수 있다. 즉 당사자들 사이에 얼마나 신뢰감이 쌓였는지, 또 서로를 잘 알고 있는지가 인맥을 결정한다. 딜 시장에서 좋은 거래 상대방을 찾으려면 인맥을 쌓아놓거나 인맥 좋은 사람에게 적극적으로 도움을 요청해야 한다.

직접적인 인맥이 없다면 간접적인 인맥이라도 탐색해야 한다. 간접적인 인맥을 파악하는 몇 가지 요령이 있다. 먼저 FI 투자자라면 기존의 투자 포트폴리오를 통해 접촉할 수 있고(반대 방향으로 접근하는 것도 당연히 유효하다), SI 투자자라면 주요 거래처(회계법인 포함), 주주, 채권자 등 다양한 이해관계인들을 통해 접촉할 수 있다. 페이스북 같은 SNS를 활용하는 방식도 있다. 6단계만 거치면 대부분의 인간관계와 연결될 수 있다는 이론은 괜히 나온 말이 아니다. 연결 고리를 찾아내는 의지가 중요할 뿐이다. 물론 의지에 버금가는 에너지와 시간 투입도 필수다.

마지막으로, 딜 시장의 거래 상대방은 대부분 아주 바쁜 사람들임을 잘 이해해야 한다. 의사결정권에 가까운 사람, 즉 회사의 핵심 부서인 전략기획팀과 신사업팀의 구성원들은 언제나 바쁘다. 짧고 강력한 메세지가 없는 정보는 그저 스팸이 될 가능성이 높기 때문에 딜의 핵심을 정리하고 전달하는 능력이 초반 태핑에 매우 중요하다.


## 잠재 인수자를 위한
## 비공개 철칙

잠재 인수자를 찾고 접촉하는 과정에서 기억해야 할 중요 키워드는 '비공개'다. 앞서 언급했지만 중소 규모의 딜은 가능하면 조용하고 비공개적으로 마무리하는 것이 좋다. 경우에 따라 굉장히 적극적인 딜 마케팅을 수행할 수도 있지만 기본적으로는 개별 접촉으로 딜을 중개하고 자문하는 것이 좋다.

잠재 인수자 입장에서 생각해보면 좋은데 이처럼 조심스레 접근하면 자신에게만 온 기회가 생각보다 더 가치 있다고 여길 가능성이 높다. 이를 차치하더라도 실제로 좋은 딜은 은밀한 제안으로 시작되는 편이다. 또한 과도하게 공개된 경쟁 딜은 잠재 인수자 입장에서 인수 검토에 많은 자원을 투입하더라도 경쟁자에게 빼앗기거나 밸류에이션이 오를 가능성이 크다. 따라서 적극적인 참여가 부담스러울 수 있다.

물론 딜마다 마케팅 방식을 알맞게 적용해야 하지만 내 경험에 따르면 중소 규모 딜은 비공개로 진행하는 편이 효과적이었다. 다만 개별 접촉으로 딜을 진행하면 속도가 지나치게 늘어질 수 있으므로 진행 속도를 잘 조절할 수 있어야 한다. 따라서 개별 접촉으로 딜을 진행할 때는 잠재 인수자와 타임라인에 대해 적절히 소통하는 것이 중요하다.

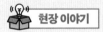 현장 이야기

단체 메일은 대면 접촉보다 설득력이 약하다. 딜은 결국 누군가를 설득하는 일이므로 되도록 설득력을 확보할 수 있는 소통 방식을 선택하는 것이 더 좋다.

딜 시장에서 활동하는 여러 자문사와 인맥을 쌓아두는 것도 인수자 물색에 도움이 된다. 좋은 딜은 매각 자문사와 인수 자문사 모두에게 좋은 업무 기회이기 때문이다. 전략 구상부터 간접적인 인맥 탐색까지 생각보다 자원이 많이 들어갈 텐데 그럼에도 가치 있고 중요한 일이므로 시간과 에너지를 많이 투입하더라도 해결하고 넘어가야 한다.

# 대표 없이 굴러가는
# 회사여야 할까?

흔히 대표 없이도 잘 굴러가는 회사를 만들어야 된다고 한다. 물론 틀린 말은 아니지만 중소기업 수준(매출 1,000억 원이 넘어가도 대기업, 중견기업이 아니면 모두 중소기업이다)에서 이 문장은 완벽하게 적용되기 어렵다. 대부분의 중소기업은 대표나 몇몇 경영진의 능력으로 성장한다. "우리 회사는 저 없이도 알아서 굴러가요"라고 이야기하는 중소기업 대표도 없지 않지만 실제로 들여다보면 대표가 회사를 방치하는 순간 망가질 가능성이 매우 높다. 따라서 중소기업의 이러한 현실을 어느 정도 인정해야 한다.

이와 관련해 두 가지를 꼭 기억해야 한다. 우선 대표 능력에 범접할 만한 핵심 경영진이나 임원진이 충분히 있어야 한다. 회사는 전 구성원의 가치가 조화롭게 융화되어 성장하는 실체지만 회사의 성장과 존폐를 결정하는 것은 소수의 핵심 인재일 때가 대부분이다. 그래서 대표를 포함한 핵심 경영진의 능력을 고도화하는 것이 기업 경영의 아주 중요한 요소가 된다.

둘째로 대표이사의 능력이 뛰어난 회사일 때 보통 딜이 잘된다는 점을 인지해야 한다. 이 경우 대표이사가 딜 이후 바로 퇴사하는 100% 바이아웃은 어렵더라도 딜의 성공 가능성은 분명히 올라간다. 잠재 인수자 입장에서 '뛰어난 경영자'를 얻는 것도 투자의 아주 중요한 부분이기 때문이다. 물론 인수자 성향이나 산업 특성에 따라 경영자를 내보내는 것을 선호하는 경우도 있지만, 아무래도 다수는 전자라고 본다. 최근 딜 시장의 기조를 바탕으로 조금 더 냉정하게 이야기하자면 중소기업 경영자가 한 번의 딜로 100% 바이아웃에 성공하는 사례는 아주 드물다. 많은 중소기업 대표는 한 번에 엑시트에 성공하고 싶어 하지만 인수자들은 그들의 생각보다 훨씬 더 현명하게 위험 부담을 헷지한다. 따라서 매각 이후에도 인수자의 성공적인 정착을 도울 수 잇게 다양한 방편을 마련하려는 마음가짐이 필요하다. 그럼에도 빠른 엑시트를 원한다면 당연히 가격을 일정 부분 포기해야 한다.

그래서 일단 대표이사는 당연히 능력이 있어야 하고(대표이사가 능력이 없으면 애초에 회사가 잘되기 어렵다) 이를 딜에 적절히 녹여낼 수 있어야 한다. 회사가 속한 업계를 완벽하게 이해하고 회사의 과거·현재·미래까지 가장 완벽하게 진단해줄 수 있는 사람은 그 회사의 대표다. 한 번의 딜로 완전한 엑시트를 해내지 못하거나 회사를 100% 매각하더라도 락업 기간이 생길 수도 있다. 그래도 일단 경영자라면 본인의 능력을 어필할 수 있어야 한다.

마지막으로, 잠재 인수자들은 시너지를 끌어낼 수 있는 능력 좋은 대표를 좋아하고, 대표 없이도 잘 굴러가는 회사라 해서 무작정 좋아하지 않는다. 즉 회사 성장에 가장 중요한 요소와 대표 역량의 중요성을 딜을 시작하기 전에 꼭 생각해보아야 한다.

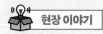 현장 이야기

대표가 완전히 떠날 수 있는 엑시트는 두 가지 변수에 따라 좌우되는 것 같다. 우선 산업에 대표를 대체할 수 있는 전문 경영인 후보가 많다면 대표의 엑시트 가능성도 높아진다. 즉 현재 대표가 초기 성장 모멘텀까지는 충분히 이끌 수 있는 전문가지만 그 이후 기업 성장을 이끌어가는 데 더 적합한 인물이 존재한다면 대표가 바로 떠날 수 있는 것이다. 나머지 변수는 기업이 어떤 타이밍에 놓여 있는가다.

그럼에도 중소기업을 성장시켜온 창업자의 역량을 더 활용하고 싶은 잠재 인수자의 심리도 알아두어야 한다. 어떤 섹터와 타이밍이냐에 따라 조금씩 다르겠지만 대표이사 자체도 아주 매력적인 강점임을 꼭 기억하고 딜을 준비해야 한다.

# 설득의
# 세 가지 요소

어쨌든 딜은 설득이다. 그것도 아주 큰 설득이다. 아리스토텔레스의 주장에 따르면 설득의 세 요소는 에토스^ethos^, 파토스^pathos^, 로고스^logos^다. 에토스는 인품, 인격, 신뢰를 의미하고 파토스는 감정, 로고스는 이성적인 지식, 논리를 뜻한다.

딜에서는 거래 당사자와 자문사 사이의 신뢰 관계도 중요하지만 어차피 사람들 사이의 거래이므로 감정도 무시할 수 없다. 의견 대립이 감정 싸움으로 번지면 딜을 제대로 마무리하기 어려울 것이다. 또한 수많은 지식과 정보가 넘치는 거래 활동이기 때문에 전문성은 애초에 빼놓고 이야기할 수 없다.

이와 비슷한 이야기를 좌뇌, 우뇌에도 적용할 수 있다. 좌뇌는 정보, 논리에 근거한 판단을 관장한다. 딜 과정에서도 기업의 강점을 객관적인 데이터와 수치, 논리 구조로 설명하는 것이 중요하다. 앞서 반복해서 언급했지만 매출을 발생시키는 근본 지표가 무엇이고 어떻게 변하고 있는지, 이에 따라 매출의 품질과 물량이 잘 성장하고 있는지, 밸류체인의 원가 구조와 판매관리 구조가 효율적인지 등을 객관적인 증거로 제시할 수 있어야 한다.

우뇌는 직관, 상상력 등 스토리에 기반한 사고를 관장한다. 인간은 객관적인 데이터만으로 의사결정을 하지 않는다. 제아무리 논리적인 사람이거나 본인이 철저하게 객관적이라고 믿는 사람도 직관과 상상력에 의존해 판단할 수밖에 없다. 누구나 직관이 객관을 압도하는 순간을 경험하기 때문이다. "객관적으로 이렇고 저렇고 뭔 말인지 알겠는데, 이러나저러나 내가 믿는 미래는 이거야"라면서 말이다.

좌뇌와 우뇌의 검증을 거친 다음은 감정이다. 거대한 자본이 이동하는 냉정한 자본시장에서 갑자기 감정이라니 다소 의아할 수 있다. 다시 한번 반복하지만 결국 사람 간의 거래일 뿐이다. 즉 최종 의사결정에 가장 큰 영향력을 발휘하는 것은 감정과 신뢰다.

설득의 세 요소가 배제된 단순한 주장은 매도자와 인수자 사이의 거리를 멀어지게 만든다. 그래서 설득의 세 요소는 비단 자문사뿐만 아니라 매도자, 인수자 모두에게 필요하다고 할 수 있다. 어느 한 축이 셋 중 하나를 배제하고 거래에 참여하면 딜의 성사 가능성은 급격하게 낮아질 것이다. 딜 시장의 전문가들은 이런 거래와 설득 작업에 익숙한 편이지만 딜을 처음 겪는 중소기업 대표들에게는 이 점이 낯설게 느껴질 수 있으므로 설득의 세 요소를 절대 간과해서는 안 된다.

## 진정성과 정직함

내가 딜 업무를 좋아하는 이유는 간단하다. 모든 딜의 결말이 아름다울 수는 없지만 적어도 잘 마무리된다면 딜에 참여했던 모두가 행복한 결말을 맞이할 수 있기 때문이다. 기업을 좋은 가치로 엑시트하는 창업자, 좋은 기업을 인수해 시너지를 창출하거나 더 높은 기업가치 달성에 성공하는 투자자, 중간에서 다양한 자문을 제공하는 전문가 집단까지 모두가 행복해질 수 있다.

그런데 이 모든 과정이 아름답게 마무리되려면 거래 당사자들의 진정성과 정직함이 아주 중요하다. 윤리 교과서에 나올 법한 내용을 갑자기 전하니 조금 이상하겠지만 적어도 내가 현장에서 느꼈던 것은 이와 같았다. 아무리 다른 것들이 완벽하더라도 진정성과 정직함이 결여되면 결론이 나쁠 가능성이 높았다. 실제로 딜을 논의하는 초반부터 회사의 강점과 약점을 모두 정직하게 털어놓은 경영자들은 대부분 엑시트에 성공했고, 그렇지 못한 경영자들은 결말이 좋지 않은 경우가 많았다. 실사 단계에서 제공하는 자료와 경영자 진술은 계약서에 모두 기재되기 때문에 더욱 중요하다. 실사 단계까지 진행되었다면 상대방의 딜을 성사시키고 싶은 마음이 크다고 볼 수 있는데, 괜히 불필요한 거짓 정보를 흘려 신뢰를 무너뜨리고 결과적으로 딜을 무산시키지 않도록 주의해야 한다.

 현장 이야기

설득이라는 키워드는 참 막연하지만 딜의 전부다. 그래서 경영자는 자기 자신과 자문사를 설득할 수 있어야 하고, 자문사 또한 내부 담당자와 인수자를 설득할 수 있어야 한다.

# 인맥이
# 중요한 이유

딜 시장에서 인맥의 중요성은 사람들을 연결해주는 값으로 쉽게 증명할 수 있다. 앞서 간단히 이야기했지만 딜 시장에는 인수자와 매도자를 연결만 해주어도 꽤 큰 중개 수수료를 주고받는 관행이 있는데 적게는 수백만 원, 많게는 수억 원까지 커지곤 한다. 그때그때 다르지만 일반적으로 거래 한쪽을 연결해준 상대방은 아주 넉넉한 수수료를 받을 수 있다. 그만큼 딜 시장에서는 회사나 투자자 자체도 중요하지만 이들 간의 만남을 주선하는 것도 매우 중요하다.

인맥이 중요한 이유 몇 가지를 정리해보자. 우선 거래 상대방의(매도자든 인수자든) 의사결정권자(주로 경영진 또는 대표)와 연이

닿으면 거래 성사 가능성을 빠르고 정확하게 파악할 수 있다. 딜은 인수자와 매도자 모두에게 아주 중요한 거래이기 때문에 반드시 최종 의사결정권자의 승인이 필요하다. 심지어 최종 의사결정권자가 결정하더라도 주주총회, 투자심의위원회에서 반려되기도 한다. 한편 의사결정권과 거리가 먼 담당자, 즉 실무자부터 논의를 시작하면 '실무자-관리자-관리자의 관리자-경영진-주주총회' 등 거쳐야 할 산이 너무 많아서 시간이 많이 걸리고 성사 가능성도 줄어든다. 그래서 되도록 의사결정권한이 높은 담당자와 바로 접촉하는 것이 좋다. 거래가 불발되더라도 빠르게 거절당하면 오히려 효율적인 것이다.

앞서 설명했듯이 좋은 인맥은 상대방의 요구 사항까지 어느 정도 파악된 상태다. 물론 다양한 경로를 통해 수집한 업계 정보와 빠르고 정확한 조사로 이를 보완할 수 있지만, 인맥으로 확인한 정보라면 그 가치가 더 높아질 수밖에 없다. 또한 매도 거래든 인수 거래든 누가 보아도 좋은 딜이 나타나면 친한 사람부터 먼저 찾아가 소개해주기 마련이며 업계 관행도 그러하다. 즉 좋은 딜이라면 아무래도 호흡을 맞추기 쉬운 상대방과 딜을 진행하려는 것이다.

중소기업 대표나 최대주주 자체의 인맥도 꽤 중요하며, 특히 SI와 딜을 할 때 자문사가 아닌 대표와 주주의 인맥이 중요하게 작용한다. 여러 번 말하지만 기업 인수 및 매각은 SI의 본업이 아니다. 따라서 기존에 형성된 관계에서 딜이 발생하는 사례가 더 많다. 자문사의 연결로 딜이 성사되는 경우는 누가 보더라도 합리적인 이유가 존재하지만 외부의 제3자가 보기에 납득하기 어려운 딜이라면 인수자와 매도자의 신뢰 관계나 인맥 안에서 발생할 가능성이 높다. 단순히 친해서 회사를 사준다는 게 아니라 인수 측 경영자가 매도 측 경영자를 잘 알고 있을 때 '동업'의 관점으로 딜을 진행하는 경우가 많다는 것이다. 이러한 인맥은 자문사가 단기간에 해결해줄 수 없다. 즉 대표와 주주가 평상시에 사람들과 어떤 관계를 형성하고 있는지로 엑시트 가능성이 창출된다고 보아야 한다.

어쨌든 인맥을 많이 확보하면 딜의 가능성과 속도를 높일 수 있다. 외부 자문사를 적절하게 활용하는 능력, 대표와 주주 스스로 인맥을 장기간 현명하게 강화하는 노력 모두 중요하다고 생각한다.

# 인맥에 너무
# 매달리지 말아야 하는 이유

만약 인맥이 딜에 가장 중요한 요소였다면 그저 인맥 좋은 사람들의 손만 거치면 모든 딜이 다 잘되어야 할 테지만 아쉽게도 현실은 그렇지 않다. 딜에 인맥이 중요하지 않은 몇 가지 이유를 살펴보자.

우선 친한 사람이 운영하는 회사의 제품을 사주거나 프로젝트 용역을 함께 진행하는 경우는 흔하지만 친하다고 해서 회사를 사주지는 않는다. 기본적으로 거래 규모가 커서 다양한 이해관계자가 개입할뿐더러 면밀한 검토 과정도 따라붙기 때문이다. 그래서 무작정 인맥만 넓힌다고 해서 딜이 잘 풀리지는 않는다.

또한 단순한 인맥은 의지만 있다면 결국 해결되기 마련이다.

즉 연결 고리를 찾아내기 위한 노력과 의지가 있다면 몇 단계 이내에 상대방과의 접촉점을 대부분 확보할 수 있다. 물론 재벌 회장의 연락처를 알아내기는 어렵겠지만(알아낸다 해도 직접 연락하는 것이 꼭 좋은 방법은 아니겠지만) 적절한 위치의 업무 책임자와는 다양한 경로로 접촉점을 만들 수 있다.

그렇게 접촉 방법을 알아낸 후에는 비즈니스 예절을 잘 지키며 좋은 딜 제안을 하면 된다. 잘 모르는 사람에게 좋은 딜 제안을 받았다면 어떤 반응이 나올까? 괜찮은 자료와 스토리텔링이 전제되어 있다면 많은 거래 상대방이 우선 감사 인사를 할 것이다. 그래서 어떤 회사를 누구에게 어떻게 소개하느냐가 중요할 뿐이다. 스팸 메일 성격의 딜 소개라면 좋은 피드백이 나오지 않겠지만, 설득력 있는 딜 제안이라면 추가 논의를 하지 않을 이유도 없다.

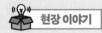 현장 이야기

간혹 이해하기 어려운 딜들이 있다. 이유는 대체로 세 가지다. 첫째, 매도자와 인수자 사이에 이미 형성된 신뢰 관계를 바탕으로 외부에서 예상하기 어려운 시너지가 있을 때다. 둘째, 언론에 나온 정보 이면에 훨씬 더 중요하고 세밀한 세부 조항이 존재할 때다(또는 언론에 나온 정보 일부가 오류일 때). 셋째, 매도자든 인수자든 둘 중 한 명이 잘못된 결정을 한 경우다.

그래서 인맥은 중요하긴 하지만 절대적인 것은 아니다. 정확하게 이야기하자면 중요하지만 마음먹기에 따라 충분히 해결할 수 있다는 정도로 생각하면 되겠다.

# 딜도 결국에는
# 타이밍이다

거듭 강조하지만 딜도 타이밍이 아주 중요하다. 여기서 말하는 타이밍에는 '운'도 포함되어 있으므로 두 가지 관점으로 타이밍을 고려해야 한다. 우선 기업이 잘 성장하고 있는 타이밍일수록 딜의 성사 가능성도 높아질 수밖에 없다. 상대방 입장에서 생각하면 너무 쉬운 이야기다. 정점을 지나 꺾이기 시작한 회사에 매력을 느낄 잠재 인수자는 아주 특별한 이유가 있지 않는 한 찾기 어렵다.

'미쳤어? 내가 이 회사를 왜 팔아?' 농담 조금 섞으면 이런 마음이 들었을 때가 가장 좋은 딜 타이밍이다. 그래서 어떤 타이밍에 딜 시장에 나갈지 고민할 때 이런 점도 고려하는 것이 좋다.

타이밍에 대한 두 번째 관점은 결이 조금 다르다. 딜은 언제 어떻게 거래 상대방이 등장할지 예측하기 어려우므로 항상 그 타이밍에 대비할 수 있도록 준비해두어야 한다. 그래서 당장 딜을 할 생각이 없는 대표라도 이 책의 많은 내용이 도움이 되리라 본다. 예상치 못한 타이밍이라도 딜을 진행할 수 있어야만 열심히 키운 회사를 좋은 상대방과 제대로 거래할 수 있다.

또한 자본시장의 타이밍도 중요하다. 아무리 좋은 기업도 거시경제 상황이 좋지 않거나 금리가 높으면 기업가치를 상대적으로 인정받기 어렵기 때문이다. 실제로 2022년 전까지 몇년간은 유동성이 풍부하고 딜 시장이 활성화되었지만 2022년 이후 금리가 본격적으로 인상되자 딜이 감소했다. 그래서 자사의 타이밍뿐 아니라 자본시장의 타이밍도 중요하다.

물론 타이밍이 중요하다는 이야기가 '반드시 이때 거래해야 한다'를 의미하지는 않는다. 아파트에 비유하자면 우선 아파트 구매자의 목적은 대체로 거주 목적과 투자 목적이다. 기업도 마찬가지다. 투자 목적으로 접근하는 거래 상대방과 이야기한다면 당연히 거래 상대방을 설득할 수 있는 좋은 타이밍이 더 중요해지지만, 거주 목적으로 접근하는 거래 상대방이라면 타이밍의 중요성이 줄어들 것이다. 여기서 말하는 거주 목적은 보통 SI의 목적과 연관되어 있는데, 더 비싸게 만들어서 판다는 게 아니라 본 사업이나 신사업과 연결지어 자신의 사업 모델을 강화하기 위함이다.

타이밍이 어떤 의미를 가지는지 잘 파악하고 회사와 경영자의 상황을 고려해 현명하게 판단을 내리는 것이 중요하다. 물론 정

265

5장 엑시트 여정 가이드

답이 없는 영역이지만, 기본 지식을 바탕으로 한 의사결정과 그렇지 않은 의사결정은 판단의 무게감이 다를 수밖에 없다.

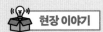 현장 이야기

"저는 타이밍이 좋았어요. 운이 좋았죠." 엑시트를 성공적으로 달성한 대표들은 이구동성으로 이렇게 말하곤 한다. 그래서 아주 가끔씩이라도 타이밍에 대해 고민해보는 것이 좋다고 생각한다.

# 주주 구성이
# 난이도를 결정한다

기업의 기존 주주 구성도 딜에 아주 중요하다. 통상 주주 구성은 간단할수록 좋다. 주주가 많거나 관계가 복잡하면 거래 상대방 입장에서는 논의해야 하는 이해관계자가 많아지는 셈이므로 선호하지 않는다.

이해관계자가 많으면 딜이 예상치 못한 방향으로 흐를 가능성도 높아진다. 가령 몇몇 주주가 딜에 반대하거나 참여 의사를 밝히지 않으면 인수자 입장에서 고려해야 할 것이 많아질 수밖에 없는데 이를 반길 사람은 많지 않다.

또한 기존 주주가 기업 성장에 실제로 얼마큼 기여했는지도 중요하다. 쉽게 이야기하면 기존 주주 중 별 이유 없이 높은 지분을 보유하고 있는 주주가 있다면 잠재 투자자 입장에서는 아무래도 꺼림칙할 것이다. 특히 성장자본, 유상증자 방식의 투자유치에서는 이 부분이 꽤 중요한데, "저 사람은 지분이 왜 저렇게 많나요?"라는 질문에 명쾌한 답을 줄 수 있어야 한다.

주주 구성과 거래 난이도는 어떤 딜이냐에 따라 조금 다를 수 있다. 만약 100% 인수하려는 상대방 입장에서는 아무래도 한 번에 쉽게 거래를 종결지을 수 있는 주주 구성에 집중한다. 반면 신주투자를 집행하려는 잠재 투자자는 기존 주주 구성이 어떤 실적과 역사로 엮여 있는지, 또 기존 투자자 구성이 어떻게 되어 있는지를 많이 고려하게 된다. 즉 본인 외에도 이 회사의 미래에 베팅한 투자사가 어디냐에 따라 확신의 무게감이 조금 달라지기 마련이다.

이 내용은 조금 상충되는 부분이 있는데, 기관 투자자가 많은 경우를 예로 들어보자. 기업을 인수하려는 투자자들은 여러 기관 투자자가 존재하는 상황을 그리 달가워하지 않는다. 오히려 기존 주주가 창업자나 주요 경영진으로만 단순하게 구성된 경우를 더 선호한다. 기관 투자자는 모두 '선수'이기 때문이다. 그래서 거래 조건과 밸류에이션부터 협상하는 과정이 녹록치 않을 가능성이 높다. 반면에 유상증자에 참여하려는 입장이라면 앞서 언급했듯이 어떤 투자자들이 들어와 있느냐를 꽤 중요하게 검토한다.

정리하자면, 애초부터 M&A 관점으로 기업 매각에 집중하고 싶은 경영자라면 투자유치를 한 번 더 보수적으로 고민해야 하고, 매각이 아닌 상장이나 본연의 성장에 집중하는 경영자라면 투자유치를 조금 더 유연하게 받아들여도 좋다.

현장 이야기

주주 구성은 미래까지 생각해야 더 좋은 판단을 내릴 수 있다. 지금은 나를 응원해주는 투자자일지라도 시간이 지나면 그들은 엑시트를 생각할 수밖에 없고, 그들의 엑시트에 예상치 못한 사람들이 등장해 회사의 새로운 주주가 될 수도 있다. 특히 기존 투자자와 갈등을 빚을 경우에는 뜻밖의 소액 주주들의 간섭과 참여로 경영에 부담이 생길 수 있다. 그래서 주주 구성은 정말 중요하고 여간 어려운 문제가 아닐 수 없다.

# 진입장벽이 존재하는
# 산업

산업에서 진입장벽은 잠재 인수자나 투자자 입장에서는 가장 강력한 단어이지만 경영자 입장에서는 가장 어려운 단어다. 경영서적에서 자주 등장하는 진입장벽은 특히 어느 정도 규모가 올라온 회사들에게 중요하다. 즉 이러한 회사는 매출과 이익을 단순하게 늘리는 데 집중하기보다 어떻게 더 좋은 장벽을 쌓아갈지 고민하는 것이 더 효과적이라고 생각한다.

진입장벽이 존재하는 산업이나 기업은 가치가 높아질 수밖에 없고 일단 그 가치를 차치하더라도 딜의 성공률이 매우 높아진다. 그래서 경영자는 회사의 매출과 영업이익 증대도 중요하지만 이를 '어떻게' 늘리는 게 더 중요하다는 점을 명심해야 한다.

예컨대 단순히 마케팅 비용을 증가시켜 매출과 영업이익을 늘렸을 때에 이를 밸류에이션으로 치환하려면 여러 한계를 겪을 수밖에 없다. 마케팅 비용을 통한 일시적인 매출과 영업이익 증가는 아무래도 평가절하될 가능성이 높다.

누구나 납득할 만한 진입장벽을 만든다는 것이 얼마나 어려운 일인지 잘 알고 있다. 다만 이를 고민하는 경영자와 그러지 않는 경영자의 의사결정 질은 다를 수밖에 없다. 아무나 따라 할 수 없는 요소를 갖춘 회사들은 실적이 조금 부족하더라도 딜 시장에서 훨씬 더 환영받는다. 아무리 경쟁이 심한 산업에 속했다고 하더라도 그 안의 작은 차이점으로 진입장벽을 만들 수 있다면 그 효과는 애매한 실적 증가보다 훨씬 압도적일 것이다.

어떻게 진입장벽을 만들지는 그 회사가 속한 산업에 따라 다양한 방식으로 고려해볼 수 있을 것이다. 단순히 규모의 경제로 장벽을 만들 수도 있고, 브랜드나 인지도가 될 수도 있고, 압도적인 기술력 차이나 누적된 데이터베이스, 인사이트, 인맥 등이 진입장벽이 되는 경우도 있다. 또한 같은 업종이라고 하더라도 그 회사만 보유하고 있는 독특한 시스템이 있다면 아무나 따라 할 수 없는 진입장벽이 되기도 한다. 정부에서 진입장벽을 보존해주는 산업도 있으니 다양한 방면으로 고민하다 보면 해결할 수 있을 것이다.

# 브랜드의
# 본질

진입장벽은 다양하지만 그중에서 가장 대표적인 브랜드에 대해 조금 더 구체적으로 살펴보도록 하자. 브랜드는 앞서 이야기한 진입장벽에 견줄 만큼 강력한 힘을 발휘한다. 하지만 소비자들이 좋아하고 많이 인지하는 것 못지않게 이미지에 너무 치우치지 않도록 주의해야 한다. 브랜드의 본질은 어쨌든 소비자의 반복 구매다. 나이키가 세계 최고의 브랜드인 이유는 많은 사람이 나이키의 신발, 가방, 옷을 끊임없이 구매하기 때문이다. 아무리 브랜드 이미지가 좋다 하더라도 제품이 팔리지 않는다면 브랜드 가치는 하락하기 마련이다. 반면 많은 사람이 잘 인지하고 꾸준히 반복 구매하는 브랜드라면 그 어떤 투자자도 관심을 가질 수밖에 없다.

그래서 딜을 준비하는 회사들은 자사의 브랜드를 키우는 데 힘쓰는 한편, 자사의 브랜드 파워를 입증할 만한 다양한 증거를 준비해두어야 한다. 자사의 인지도보다는 자사 제품이나 서비스를 다양한 소비자가 반복해서 구매하고 있는지(심지어 마케팅 활동도 없다면 금상첨화다) 증거를 탄탄하게 제시하느냐가 딜에서 아주 중요하다.

아무리 실적이 좋고 영업이익이 많이 발생하는 기업이라고 하더라도 브랜드에 대해 설득할 논리가 부족하다면 밸류에이션도 불리해질 뿐만 아니라 딜 성공률도 낮아지게 되니 경영자라면 이 점을 꼭 기억해야 할 것이다.

 **현장 이야기**

개인적으로 회계법인 사업을 할 때는 이러한 진입장벽의 강력함이 피부에 와 닿지 않았다. 회계법인이나 세무법인은 국가가 공인한 자격증에 따라 영역별로 진입장벽을 만드는데, 모든 기업이 세금 신고와 회계감사를 반드시 거쳐야 하다 보니 이를 담당하는 세무사나 회계사 사무소는 거의 폐업하지 않는다.

그러나 일반 비즈니스 영역으로 나오면 모두가 경쟁해야 하는 상황에 직면한다. 그럼에도 진입장벽, 즉 경제적 해자를 만들어야 결과적으로 매력적인 기업이 된다고 생각한다.

브랜드는 말이 쉽지 실제로 실행하기는 어렵고 시간도 꽤 걸린다. 그럼에도 중요한 요소임은 분명하다. 약점이 많은 회사라도 명확한 브랜드 파워가 있다면 언제나 매력적인 딜 후보가 된다. 이를 꼭 인지하고 회사 경영과 PR, 마케팅 활동을 전개하도록 하자.

# 다양한 거래 방식과
# 유연함

통상 회사를 매각하는 경영자들은 현금 거래를 선호한다. 그것도 모든 현금 거래를 한 번에 종결하기를 희망한다. 그러나 딜의 성격이나 상황에 따라 다르지만 모든 거래가 단순하게 종결되지는 않는다.

우선 특정한 조건이나 시기에 따라 지급되는 현금이 달라질 수 있다. 예를 들어 미래 매출과 영업이익 등 실적에 따라 잔여 대금이 지급되는 경우, 매각대금의 일부를 에스크로 계좌에 묶어두었다가 특정 조건을 달성하면 해제하는 경우 등이다.

또는 현금이 아닌 주식 등 다른 자산을 지급하는 경우도 있다. 가장 흔한 것은 역시 주식인데 딜 이후 모두의 성공을 위해 동기

부여를 지속할 유인이 필요하면 특히 주로 활용된다. 주식을 주고받는 딜 자체는 아무런 문제가 없지만 받는 주식이 무엇이냐에 대해서는 꼭 유의해야 한다. 향후 현금화하기 어려운 주식일 수도 있다. 따라서 각 주식을 어떻게 가치평가해 교환하는지도 명확하게 정리한 후에 거래해야 한다.

매각 후 일부 잔여 지분이 있을 때 해당 지분의 권한 설정을 변경하는 경우도 있다. 흔히 후순위 거래라고 하는데, 잔여 지분의 재산권을 행사할 때 기존 투자자의 원금 및 이자 상당액을 우선으로 하고 기존 경영자의 자산 행사 권한을 후순위로 두는 방식이다. 선순위 채권이나 후순위 채권처럼 기업의 자산을 처분하고 청산할 때 우선순위를 투자자가 가져가는 경우라고 보면 된다.

딜에 수반되는 거래 종류는 이 외에도 아주 다양하다. 모든 내용을 여기서 정리할 필요는 없을 것 같고, 딜을 준비하는 사람이라면 '단순히 현금을 주고받는 것 말고도 다양한 조건이 수반될 수 있구나'라고 미리 인지하고 있으면 좋을 것 같다. 미리 알고 있어야 향후 딜을 진행할 때 본인의 최우선 조건들을 제대로 설정할 수 있고, 반대로 협상 조건으로 활용해볼 수도 있다. 즉 많이 알아두어야 추후에 논의할 옵션이 많아진다.

유사한 맥락으로 딜의 구조가 어떻게 결정되는지에 따라 주주가 부담하는 세금이 달라질 수 있다. 단순한 주식 매각, M&A, 사업양수도, 부동산 거래 포함 등 딜의 구조에 따라 엑시트 당사자의 세금과 납부 기한이 모두 달라질 수 있다. 이 부분은 실제 거래

대금에 큰 영향을 미칠 수 있으므로 거래 방식을 결정해야 하는 시기에 반드시 전문가의 조언을 구해야 한다.

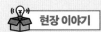

**현장 이야기**

거래 방식도 다양하지만 거래 이후 주식과 관련된 옵션도 아주 다양하다. 특히 콜옵션, 풋옵션 등은 반드시 전문가와 상의해 협상을 진행해야 한다. 일정 조건이 충족되거나 그러지 않으면 내 주식이 싸게 매각당할 수도 있고, 상대방의 주식을 일정 수준 이상으로 강제 매수해야 할 수도 있다. 옵션은 결국 옵션을 가진 사람에게 유리한 조항인데(무엇이든 선택할 수 있는 것 자체가 권리이기 때문에) 거래 상대방에게 유리하거나 불리한 옵션으로 거래를 진행하면 결국 좋지 않게 끝날 가능성이 높으므로 이 점은 거래 상대방과 적절히 협의하는 것이 좋다.

# 보안은
# 얼마나 중요할까?

몇 번 설명했지만 모든 딜을 꼭 꽁꽁 숨겨서 진행하는 것은 아니다. 딜 시장에 진출했음을 대놓고 홍보하기도 하고, 이를 기사화하는 경우도 아주 많다. 딜의 흥행을 고려하지 않을 수 없기 때문에 꼭 보안을 유지하는 것이 능사는 아니지만, 그럼에도 조용하게 진행해야 하는 딜은 보안이 아주 중요하다.

보안의 중요성은 보안 문제로 딜이 잘 풀리지 않았을 때를 떠올려보면 쉽게 이해할 수 있다. 만약 기업 매각 이야기가 외부에 유출되면 때에 따라 노사 문제가 발생할 수 있다. 그러면 딜 역시 위축될 수밖에 없다. 그래서 적절한 타이밍에 딜을 내부 구성원에게 어떻게 공유할지도 중요하게 고려해야 한다.

또한 정보가 외부로 새나가서 사업이나 영업에 지장이 생기기도 한다. 예를 들어 동종 업계나 산업에 딜 이야기가 흘러들어 갔을 때 경쟁입찰에서 불리한 평가를 받을 수도 있고 예상치 못한 거래 문제도 발생할 수 있다. 경우에 따라 거래 은행과의 이자율 조건 등도 재협의 대상이 될 수 있으니 어쨌든 보안은 중요하다. 또한 회사의 내부 자료가 많이 포함되어 있는 IM이 외부로 유출되면 경쟁사나 거래 이해관계자들과 괜히 불필요한 일로 갈등을 빚을 수 있으니 특히 주의해야 한다.

정리하자면, 기본적으로 보안을 철저히 유지하면서 딜을 진행하되, 시장 상황이나 딜 여건에 따라 공격적인 마케팅이 필요하다고 판단되면 홍보활동을 그때 시작해도 늦지 않다.

**현장 이야기**

딜이 꽤 깊게 진전되면 보안을 완벽하게 유지하는 것이 사실상 어려워진다. 극소수의 잠재 인수자를 만나 딜을 종결하는 경우가 아니라면 여러 잠재 인수자 중 누군가는 회사에 대한 구체적인 정보를 습득하기 위해 다양한 경로로 탐색을 벌이기 마련이다.

특히 관심이 많은 잠재 인수자일수록 이러한 정보 습득에 더 적극적인 편인데 회사 대표 또는 핵심 인재의 평판이나 능력을 조회하기도 하고, 산업 내 회사의 위치나 특징을 확인하기 위해 동종 업계나 거래처 관계자들에게 정보를 구하기도 한다. 그러다 보면 아주 자연스럽게 딜 관련 이야기가 나올 수 있으므로 보안을 완벽히 통제할 수 없을 때도 있다는 점을 미리 인지하는 것이 좋다. 즉 완벽히 모든 것을 숨긴 채 딜을 하는 것보다는 적절한 타이밍에 필요한 사람들에게 알리는 것이 더 이상적인 결과를 만들 수 있다.

# 믿음직한 전문가가 필요한 이유

딜 업무의 다양한 특성을 고려하면 딜에 전문가가 얼마나 중요한지는 굳이 강조할 필요가 없을 것 같다. 그렇다면 구체적으로 어떤 요소들 때문에 전문가가 필요한지 정리해보자.

## 공격과 수비, 실사 대응과 전문가의 힘

앞서 살펴본 딜의 절차에 가장 많은 에너지와 시간이 소모되는 구간은 실사다. 많은 전문가가 회사를 집중적으로 살펴보는데 특히 매도자나 피투자사들의 부담이 더 크다. 아주 많은 자료를 준비해야 하고, 계속되는 인터뷰와 검증 요청에도 대응해야 하기 때문이다. 그래서 이 과정에서 어떤 자료를 제출하고 어떤 대응 전략을 펼쳐야 할지 자문사의 도움을 많이 받게 된다. 특히 실사를 통해 도출된 내용들은 최종 협상 과정에 중요하게 거론되므로 주의 깊게 실사에 대응해야 한다.

위험에 대비해야 하는 잠재 투자자나 인수자 입장에서는 대상 회사의 약점을 많이 찾아내야 한다. 따라서 그들의 공격을 어떻게 방어할지 현명하게 대처해야 한다. 사업 영역은 경영진이 잘 방어할 수 있지만, 전문 지식이 요구되는 회계, 세무, 법률 영역에서는 신뢰할 만한 전문가의 도움이 필요하다.

또한 실사를 받을 때 얼마큼의 자료를 어느 속도로 제공할지도 다양한 변수를 고려해 결정해야 한다. 이렇게 세밀한 판단까지 경영자가 단독으로 진행하는 것은 쉽지 않으므로 자문사 없이 실사 단계 직전까지 갔다 하더라도 실사 단계에서는 신뢰할 수 있는 자문사를 선정할 필요가 있다.

 현장 이야기

실사에 대응할 때 주눅 들 필요가 전혀 없다. 내가 자주 하는 이야기 중 하나가 "실사를 받는다는 건 대상 회사에 관심이 아주 많다"라는 것이다. 또한 잠재 인수자는 곧 잠재 파트너를 의미하기 때문에 의사소통을 잘 이어간다면 큰 무리 없이 끝나는 실사가 훨씬 많다.

# 딜의
## 가장 큰 낭비

딜을 시작한 이후 발생할 수 있는 가장 큰 낭비는 무엇일까? 바로 여정을 함께할 동반자를 잘못 선택하는 것이다. 즉 본격적인 논의로 연결되지 못할 거래 상대방에게 시간과 에너지를 뺏기는 경우를 주의해야 한다. 딜은 언제든 무산될 수 있으므로 상대방의 진정성, 구체적인 인수 목적, 딜을 성사시킬 능력 등을 종합적으로 검토해야 한다.

거래 규모가 꽤 큰 딜은 잠재 인수자의 지불 능력이나 거래 구조에 대한 사전 검토를 꽤 심도 있는 수준까지 진행하기도 한다. 쉽게 말하면 인수 의지와 구조가 명확한지, 자금은 어디서 어떻게 조달할지 자료를 요청하는 등 다양한 자료를 토대로 이를 확인하는 것이다.

물론 이 영역도 매도자 마음대로 될 리 없다. 딜 규모와 상관없이 인수자의 능력과 상황은 언제든 바뀔 수 있기 때문이다. 상대방이 현금 여력이 충분한 대기업이라고 하더라도 내부의 인사 변동으로 딜이 연기될 수도 있고 시장 상황이 바뀌면서 인수 의지가 급격하게 꺾일 수도 있다. 특히 SI는 수많은 변수를 안고 딜을 진행하는 편이기 때문에 매도자라면 이러한 잠재적 위험을 사전에 인지하고 딜을 진행하는 것이 좋다.

100% 족집게처럼 선택하는 것은 불가능하겠지만 그럼에도 전문가의 도움을 받아 거래 상대방을 현명하게 선택해야 시간과 에너지 낭비를 최소화할 수 있다. 물론 앞서 이야기한 대로 다양한 변수가 발생할 수 있으니 긴 호흡과 편안한 마음가짐도 중요하겠다.

 현장 이야기

딜을 빠르고 쉽게, 심지어 우리에게 좋은 가격을 먼저 제시하며 진행하자고 하는 잠재 투자자를 특히 주의해야 한다. 중요한 거래를 대충 빠르게 결정하는 것 자체가 말이 되지 않기 때문에 어떤 배경으로 거래를 서두르는지 명확히 파악하도록 하자.

이러한 말에 현혹되어 거래 상대방을 잘못 선택하면 딜 성사 가능성을 떠나 딜 이후에 좋지 않은 결과가 따라올 가능성이

높다. 좋은 동반자를 선택하는 것은 좋은 결과를 만들어내기
위해 정말 중요하다.

# 딜 브레이커를
# 막아야 한다

여러 번 말한 대로 딜은 진지하게 논의되다가도 한순간에 무산되
는 경우가 많다. 앞서 간단히 언급했듯 양측의 입장 차이를 좁히
지 못해 협상이 결렬시킬 정도의 치명적인 요소를 딜 브레이커라
고 한다.

　그래서 이러한 딜 브레이커 요소가 있는지 매도자 스스로 미리
살펴보아야 한다. 시간과 에너지를 낭비하고 딜이 깨지면 가장
큰 피해를 보는 것은 경영자이기 때문이다.

　갑작스러운 밸류에이션 변경, 경영자의 경영 의지와 방식에 대
한 입장 차이, 회사 자산에 큰 영향을 미칠 수 있는 법률 문제, 매
출 지속 가능성에 대한 의구심, 재무제표 신뢰성에 대한 문제(회
계 관리가 엉망이거나 분식회계가 발견되는 경우 등), 조직 구조 관련 잠
재적 위험이 큰 경우 등이 대표적인 딜 브레이커 요소들이다. 이
를 참고해 문제가 될 만한 부분이 있는지 미리 어느 정도 확인하

고 이를 잠재 인수자와 사전에 논의해야 시간과 에너지 낭비를
줄일 수 있다.

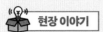

**현장 이야기**

딜 브레이커 요소를 발견했다면 자문사와 빠르게 논의해야
한다. 만약 자문사와의 논의 없이 딜이 꽤 진척된 상황에서
브레이커 요소가 등장한다면 많은 이해관계자가 불편해지고
낭비된 자원에 대한 보상 문제를 두고 법적 다툼이 일어날 수
도 있기 때문이다. 그러므로 혹시나 싶은 부분이 있다면 꼭
자문사와 논의해야 한다.

## 협상에서 가장 중요한 것을
## 지키기 위해

무엇보다 딜을 준비하는 경영자라면 절대 놓치고 싶지 않은 가장
중요한 조건이 무엇인지 스스로 잘 정의해야 한다. 결국 협상의
문제인데 경영자가 원하는 모든 것을 얻어가는 협상은 거의 존재
하지 않는다.

협상 방법은 다양하고 협상 우위도 경우에 따라 천차만별이다.

다만 최종 협상에서 양측 당사자가 가장 중요하게 생각하는 것을 서로 얻어갈수록 결말이 좋기 때문에 이를 미리 고려해야 한다. 힘의 균형이 무너진 딜이 아니라면 당사자끼리 서로 중요한 것을 취하고 양보할 것은 양보해야 협상을 아름답게 마무리할 수 있기 때문이다.

물론 '무게중심이 나에게 있다'라는 확신이 있다면 더 많은 조건을 얻어내는 것도 중요하다. 다만 이런 상황이 쉽게 오지 않기 때문에(특히 중소기업 딜에서는 더욱더 그러함) 이를 위해 가장 중요한 것을 어떻게 지켜낼지부터 명확하게 정리해야 한다. 물론 가장 중요한 조건을 협상 테이블에 올려놓는 시기도 딜의 상황과 전략에 따라 결정해야 할 것이다.

딜은 마지막 단계로 갈수록 홀덤(세계적으로 가장 유명한 포커게임)과 유사해진다. 내 패의 가치를 정확하게 파악하고 상대방 패까지 제대로 읽어내는 것도 중요하지만 어느 베팅을 언제 어떻게 할지도 미리 준비해두면 좋다.

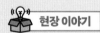
**현장 이야기**

가끔 영화에 나오는 전쟁 같은 협상은 생각보다 많지 않다. 간혹 양측이 서로 양보할 수 없는 영역에서 대치할 때 긴장감 넘치는 협상이 벌어질 수 있는데, 생각보다 단순하게 딜 아쉬운 사람이 승자가 된다. 매도자 입장에서는 "안 팔아"가 최고의 협상 카드가 되는 것이고 매수자 입장에서는 "안 사"가 최고의 협상 카드인 것이다. 그래서 덜 아쉬운 사람이 이기게 되고, 둘 다 아쉽지 않은 상황이라면 딜 성공률은 줄어들 수밖에 없다.

# 엑시트 바이블

**초판 1쇄 발행** 2023년 11월 22일

**지은이** 김규현
**브랜드** 경이로움
**출판 총괄** 안대현
**책임편집** 이제호
**편집** 김효주, 정은솔
**마케팅** 김윤성
**표지디자인** 유어텍스트
**본문디자인** 김혜림

**발행인** 김의현
**발행처** 사이다경제
**출판등록** 제2021-000224호(2021년 7월 8일)
**주소** 서울특별시 강남구 테헤란로33길 13-3, 7층(역삼동)
**홈페이지** cidermics.com
**이메일** gyeongiloumbooks@gmail.com (출간 문의)
**전화** 02-2088-1804　**팩스** 02-2088-5813
**종이** 다올페이퍼　**인쇄** 재영피앤비
**ISBN** 979-11-92445-56-4 (03320)